少年愛讀世界史

2 上古史 I

亞歷山大大帝的時代

管家琪——著

總序

為什麼我們要讀世界史？

管家琪

也許你會遇上這樣一個朋友：她特別好強，成績一直名列前茅，對自己和周圍的人都有些苛刻，可是對小動物和大自然卻有著純粹的愛心。也許你會好奇，她的家是什麼樣子？她的爸爸媽媽是做什麼的？又是怎麼教育她的？為什麼她會在如此熱愛大自然的同時，對人似乎總是不大友善。

也許你又遇上另一個朋友：他比較文靜，平時很少主動說話，下課時間總是趴在桌上睡覺，你知道他住得挺遠，放學後總是一個人坐著公車離開。也許你會好奇，為什麼他會到這麼遠的地方來上學？當初這是他爸爸媽媽還是他自己的意思？現在他們全家又是怎麼看待這個決定？

也許你還遇上一個朋友：她為人隨和，很少和大家在一起哄鬧，也很少有什麼強烈的意見，從來不會刻意要求什麼，身邊總有幾個朋友，但是真正算得上深交的好像又沒幾個。也許你會好奇，她的過去是什麼樣子？在她的成長之路上有沒有發生過什麼特別的事？為什麼她似乎總是很難真正對別人敞開心扉，似乎總是與人保持著一定的距離？
如果我們不了解一個人的成長背景，包括生活的經歷，便無法明白一個人為什麼會成為現在這個模樣。單獨一個人是如此，由許多人所組成的社會、民族、國家，以及文明，也是如此。
這個世界在我們到來之前，已經存在了很長很長的時間。各個民族與文化，在不同的地理環境中，自然而然的成長，經歷過不同的世事變遷，孕育著他們各自對世界的理解，然後漸漸成為我們今天所認識的各個國家。過去的人，他們所經歷的過去事，透過文物證據與文獻記載所留下的寶貴資料，再經由後人的發掘、考證與解讀，就成了我們今天所看到的歷史。
總之，如果不了解歷史，我們便無法明白世界為什麼會成為現在這個模樣；而如果不了解世界現在的模樣，我們便難以給這個世界塑造一個更理想的未來。
這套【少年愛讀世界史】所講述的範圍是整個世界，而不是某一個地區、民族或國家。在西元二十世紀六十年代以前，以個別民族國家作為歷史研究的單元（比如說中國史、英國史、法國史等等），一直被認為是最合適的方式，那麼，為什麼現在我們需要從整體世界的角度來講述歷史呢？
這是因為到了二十一世紀，我們需要一個全球化的視角與觀點。隨著時代的變化，尤其是網路的發展與全球性移民不再是特殊現象以後，人與人之間的交流益發頻繁。現代的居民、不管是住在哪裡的居民，也比過去更容易在生活中遇見與自己截然不同歷史文化背景的鄰居。過去在很長一段時間之內，用來區隔人與人的民族、國家等社會學的邊界概念已逐漸被沖淡，一個嶄新的、以全人類為背景的人類文化正在逐漸形成。

同時，與二十世紀末一派樂觀的地球村情緒不同，二十一世紀的我們，正面臨著全球化在城市與鄉鎮發展極為不平均的困境。在當今保守主義的右傾與排外思潮的崛起下，如何平衡多元文化與傳統文化的衝突，也是二十一世紀世界史所需要思考的問題。

所以我們應該讀世界史，而且需要有系統的、順著時間脈絡來讀世界史。這就是這套【少年愛讀世界史】的特色，這套書側重西洋史，但也會不時呼應、對照同一時期的中國史；這套書注重時間感，也注重人物，因為歷史本來就是「人的故事」，而且注重從多角度來呈現一件件重要的史實。

最後，感謝字畝文化，讓我有機會來做這樣一個極有意義的工作。也感謝老友伯理，給了我極大的協助，讓我能順利完成這套世界史。

目次

第一章　史詩中燦爛的古希臘

在西元以前，古希臘曾是世界一切的重心，
它有自己的文明、政治、思想……
也曾發展出各式各樣的城邦，彼此尊重、競爭、共榮，
現在我們所珍視的「民主」，更是由這個燦爛時代孕育而生。

這一個由一位盲眼詩人開始傳唱的古典時代，
一段名副其實的「史詩級」歷史就此開始！

1 希臘文明，從荷馬時代開始

從現在開始，我們要進入世界史中的「古典時代」，也就是所謂的「上古史」。我們將用兩卷的篇幅來講述上古史，這一卷先著重講述西元前的部分，下一卷則著重講述西元後的部分。

以整個世界史的角度來看，古典時代歷史的重點包括了希臘、羅馬、波斯、中國、印度等文明，以及這些文明之間的互動。

我們在卷一結尾已經提到過，對於西方來說，只要講到古典時代，首先就必須從「希臘文明」講起。希臘文明可以說是後世西方文明的根源，後來再經羅馬文明發揚光大。

希臘文明的全盛時期曾經十分燦爛，以至於古希臘人總自視為「文化人」，而把其他所有不說希臘語的都視為「野蠻人」，日後歷史的發展也證明希臘文明確實對西方產生了極其深遠的影響。

現在，就讓我們從古希臘來開始了解希臘文明吧。

古希臘的領土，大約有七萬七千平方公里，大致包括了馬其頓以南的希臘半島，以及愛琴海和愛奧尼亞海中的島嶼。而馬其頓則是位於歐洲東南部巴爾幹半島的中部，今日分屬於希臘、塞爾維亞和保加利亞等三個國家。

不過，有一點是我們必須注意的：古希臘人向來把自己所建立的殖民地也都當作幅員的一部分，這麼一來，他們的領土範圍就可延伸到西西里島、義大利南部、土耳其西岸地區和黑海沿岸的一些貿易據點。

希臘半島上有四分之三的土地都是山岳，林木茂盛，放眼望去，綠意盎然。在氣候方面，希臘是屬於地中海型氣候，夏季非常晴朗，幾乎每天都是陽光普照，還會有和風從東北吹來，十分舒適宜人；冬季則是雨量集中的時節，大西洋的雨水（有時還有雪）會隨著西風吹襲前來報到。

古希臘的土壤非常肥沃，可耕種的土地雖然只有四分之一，但其他土地仍可以用來放牧，並不會浪費；人們可以飼養牛、羊、馬等等，對於生活頗有助益。只可惜希臘山岳內含的資源以大理石為主，而且只有少量的鐵，缺乏金、銀、銅、鋁等重要的礦產。

早在新石器時代，就已經有人在古希臘地區居住，只是遲遲沒有發展出比較高級的文化。後來，屬於印歐語系的希臘人從巴爾幹半島的北部進入，從此希臘語就成為這個地區的語言。

還記得我們在卷一《世界史的序幕》提到過的「愛琴文明」嗎?所謂「愛琴文明」,簡單來講就是指愛琴海地區的青銅文明,由於是以克里特島和希臘地區的邁錫尼為核心,所以又被稱為「克里特—邁錫尼文明」。

如果以另一個角度來細究,愛琴文明的起源,應該是克里特島在西元前二五〇〇年(甚至更早)先興起了一種非常發達的青銅器文化,被稱為「邁諾亞文化」,然後「邁諾亞文化」進而擴張,對愛琴海諸多島嶼以及希臘半島產生了影響,後期以邁錫尼為中心的「邁錫亞文化」就是其中之一。

邁錫尼是一個城邦王國,位於伯羅奔尼撒半島東北部,與同樣位於半島東北部的另一個城邦王國提雲斯,以及位於半島西南部的城邦王國皮洛斯,同屬於「邁諾亞文化」。只是在西元前一六〇〇至前一二〇〇年這段時期,邁錫尼還是最重要的城邦王國,甚至還曾經控制過克里特島,在愛琴海地區稱雄了數百年。

總之,鑒於荷馬史詩中所描述的古希臘時代,正是從西元前一二〇〇年後的四個世紀,因此這個青銅器時代的後期,也就特別被稱為「荷馬時代」。

什麼是「荷馬時代」？

之所以會稱為「荷馬時代」（或「荷馬時期」），是因為世人對於這段時期各方面的了解，主要就是根據荷馬所寫的《伊利亞德》和《奧德賽》這兩部不朽的史詩，合稱為《荷馬史詩》。

無論是《伊利亞德》或是《奧德賽》，最初很可能都只是流傳於小亞細亞希臘人殖民地的民歌風謠，然後經過一些流浪詩人四處傳頌，在這樣自然而然的傳頌過程當中，就跟各個民族的民間傳說一樣，同樣的故事總會被很多人不斷的**添屋加瓦**。不僅整體的結構愈來愈完善、細節愈來愈豐富、文辭愈來愈修飾，中心主題也逐漸突出，等到腓尼基人創造的字母文字傳入之後，這些故事便不再僅僅是口頭文學，而在約西元前八百年時開始有了文字的紀錄。

後世學者普遍給予荷馬很高的評價，認為他是流浪詩人中最傑出的一位，所以才能為世人留下如此出色且重要的《荷馬史詩》。

現在，我們不妨就從幾個層面切入，了解一下生活於荷馬時代人們的生活。

添屋加瓦——如同被尊稱為「三藏法師」的唐朝高僧玄奘（西元六〇〇～六六四年）獨自一人西行五萬里，歷盡艱辛到達印度的（當時也是全世界的）佛教學術中心——那爛陀寺——取經的真實經歷，在唐朝就已出現不少演義，之後再經過數百年不斷的豐富，到了明朝，由向來偏愛稗官野史、志怪小說的作家吳承恩（西元一五〇六～約一五八三年）「集大成」，更在無數前人的基礎之上有所創新，寫成了《西遊記》。

《奧德賽》中描述了奧德修斯差點被海妖誘惑，最後成功脫逃的冒險旅程。

拉菲爾畫筆下的盲眼詩人荷馬。

◆荷馬時代的政治、宗教、價值觀

首先，這個時期的希臘人顯然還沒有什麼政府的觀念，國王這個角色不是那麼重要。這一點從伊薩卡島的國王**奧德修斯**離國二十年，他的國家居然沒有任何人或政治團體來代行國王的職權就足可證明。

其次，當時的平民也有權參與國事。一旦碰到什麼關乎全體國民的大事時（譬如是否要參戰），國王就會召開一次全民會議，聽聽大家的意見。儘管在會議中往往只是那些貴族在發言，但平民對於貴族的意見，可以用歡呼表示讚同，也可以用沉默來表示反對。

荷馬時代社會組織的基礎為部落和父系氏族。每一個家庭都是一個在經濟上可以自給自足的單位，每一個成員都必須工作，通常男人負責耕種、放牧、建造、伐木等等，女人則負責紡織、烹飪等家務。即使是貴為國王的奧德修斯不僅在戰場上智勇雙全，平時也頗以自己耕種和木工的本領而自豪，他的妻子潘妮洛普也以善於紡織而聞名。

除了親屬，每一個家族裡可能還會有一些傭工和奴隸。傭工是「自由人」，是家族裡重要的勞動力，奴隸則幾乎都是經由戰爭或是

奧德修斯——奧德修斯足智多謀，勇氣十足，且意志堅強。在長達十年的特洛伊戰爭中，他曾多次獻計，屢建奇功，最後帶著軍隊獲得勝利，結束戰爭的「木馬屠城記」就是出自他的計謀。

《奧德賽》這首史詩所描寫的，就是奧德修斯在特洛伊戰後的故事，當時希臘聯軍紛紛返鄉，奧德修斯與眾多部下卻在海上漂流了十年，經歷了各式各樣驚心動魄、不可思議的冒險。

在奧德修斯離家期間，有一百多名貴族子弟，長期賴在奧德修斯的宮殿裡飲酒作樂，逼他的妻子改嫁。與此同時，奧德修斯的兒子忒勒馬科斯也出發去尋找父親，他的航程

擄掠而來，但在初期奴隸的為數還不多，也不會與家族成員一起起居作息。

荷馬時代的希臘社會，整體來說雖然變化比較遲緩，但還是看得出是在不斷的變化。包括經濟效益較高的葡萄和橄欖樹種植不斷被推廣，從事商業的人口漸漸增加，羊毛織造、陶器製作、木質和皮革之類的手工藝品品質也都在持續進步。而且早在西元前八世紀，希臘人就已具備了金融觀念，開始使用鑄幣。

宗教信仰也是荷馬時代的一大特色。關於這方面我們在卷一《世界史的序幕》中已經介紹過，但若說要再稍微強調一點的話，那就是希臘諸神都是希臘人根據凡人的形象所塑造出來的（無論是面貌或是性格），所以儘管這些神祇比凡人更強、更美、更智慧，但絕對不是全能，更不是毫無缺點，相反的，這些神祇還或多或少都有著凡人性格中常見的缺點，並且都可以為善或是作惡。

古希臘人是樂觀的現世主義者，他們認為現世是值得好好活的，根本不必去期待另外一個虛無縹緲的世界，也可以說他們沒有什麼「死後生命」的觀念。在他們的想像中，除了少數半人半神的英雄之

雖然相對簡單和平淡，但饒具意義，意味著一個年輕的大男孩是歷經考驗與鍛鍊，終於成長為一個像父親奧德修斯那樣的英雄。

最後，忒勒馬科斯找到了父親，父子倆相繼回宮。次日奧德修斯利用比武的機會，把那些惱人的求婚者全都解決了，一家人終於得以團聚。

在希臘神話中，雅典娜是從宙斯頭部誕生的。

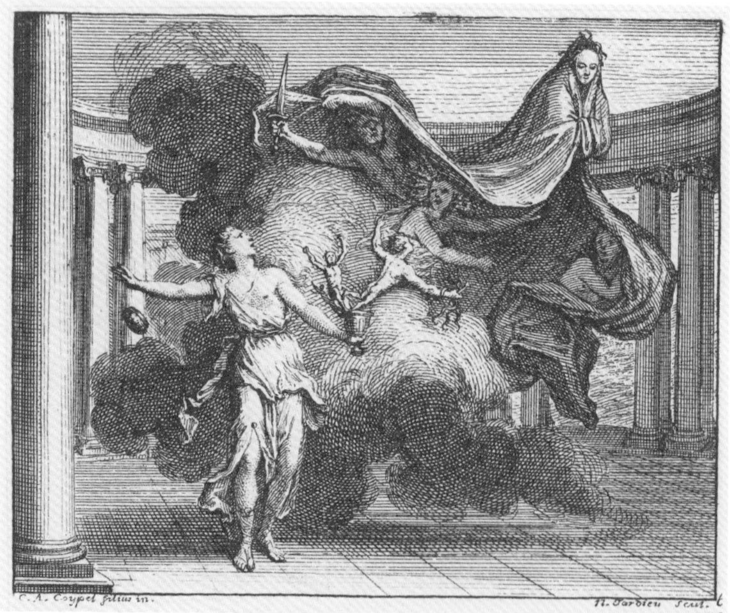

〈潘朵拉的盒子〉故事源自希臘神話，潘朵拉違命打開了宙斯給她的神祕盒子，放出了許多不幸，只剩希望留在盒裡。

外，大多數人死後都會去冥府待著，那兒雖然黯淡無光，但也不是後來基督教意義中的地獄。然後接下來，大家都會在那裡過著和在世時類似的生活。

古希臘人也是個人主義者，他們所期許和讚美的是能夠成就自己，而不是對神祇低聲下氣的渴求，或是懷抱著某種目的而對神祇刻意的謙卑、順從、或受苦，他們不會希望以此來博取神祇的拯救。因此，希臘人的宗教活動主要就是「獻祭」，獻祭的目的也不是為了贖罪，只不過是為了供神祇享用，讓神祇喜悅。由於宗教儀式相當簡化，每個人都可以為自己舉行禮拜儀式，祭司也就不會成為一種特殊的社會階級。

當然，社會裡還是有「卜祝」這樣的人（就是專門管占卜的人）。人們相信卜祝可以直接跟神交流，能窺見未來、明白神的旨意，因此卜祝經常會被咨詢，可是也就僅此而已，並沒有什麼特殊的社會地位。在特洛伊戰爭的第十年，拼命想要阻止特洛伊人把木馬拖進城裡的祭司勞孔，無論怎樣聲嘶力竭的呼號：「千萬不可以把木馬拉進城！這一定是敵人的詭計！」可是也沒人聽他的，這就是一個明顯的例子。

2 希臘城邦的演進：從君主、僭主到民主

在卷一《世界史的序幕》中我們提到過，希臘半島和整個愛琴區域在希臘人入侵之後，曾經一度陷入一片黑暗，以至於世人一直遲至十九世紀下半葉才吃驚的發現，原來，在古希臘文明之前，竟然還有過「愛琴文明」。

等到混亂的時期過去，希臘歷史拉開帷幕的時候，希臘世界大部分地區已經城邦林立，也就是「以地方為中心」的權力形式已經成型。過去荷馬時期那種家族式自給自足的經濟形態瓦解，走向比較明確的社會分工，人們的經濟生活也獲得了提升。

希臘城邦是人類文明發展過程中一個非常寶貴的經驗。古希臘人從來不曾建立過一個統一的國家，就像他們從來沒有創造過一種極權式的全能宗教來規範人民的行為，或試圖控制人民的心智一樣，這些城邦就像一個個獨立自主的小型社會，各自為政，不相統屬，但最後卻集體締造了燦爛的希臘文明。

無怪乎不少後世學者在論及文明演進時，都不忘推崇希臘城邦真是一種難能可貴的試驗，具有獨特的意義。英文中的「政治（politics）」或「政治的（political）」，其實就是從「城邦（polis）」這個詞所衍生而來。

城邦制的起源

希臘的城邦是怎麼來的呢？

第一個重要因素是地理環境。在上一節我們已經說過，希臘半島上有四分之三的土地都是山岳，這些山岳經常都是天然的屏障，再加上河流和海灣的交錯，大自然的巧手無意之中在這裡做了很多奇妙的「切割」，使得許多山谷、河域和平原都自成體系，彷彿自成一個個小世界。因此「城邦」的本質不僅是政治單位，更是經濟單位，在這個小世界裡得提供人們基本的物質需求。

其次是歷史因素，也就是在多利安人入侵之後所造成的影響。多利安人是遊牧民族，擅長以鐵製武器作戰，異常彪悍，非常厲害。在西元前一一〇〇至前九五〇年這段期間，也就是被後世稱為「黑暗時代」之時，多利安人經由希臘中部進入伯羅奔尼撒半島，隨後所向披靡，勢力漸漸擴張至愛琴海各個島嶼、西西里和小亞細亞部分地區，當地的亞契安人根本無力招架。

還記得我們在卷一《世界史的序幕》中提到過參與特洛伊戰爭的「希臘人」，若精確來說是亞契安人嗎？當多利安人擊敗了亞契安人並且取而代之，從此以後多利安人便與希臘族群中的愛奧尼亞人、艾奧良人一起成為了「希臘人」。

戰亂過後，又過了一段時間，這三種「希臘人」都分別有了自己的地盤：愛奧尼亞人占據了阿提卡平原和小亞細亞西部中間的沿岸地帶；艾奧良人在小亞細亞西北沿岸地區安頓；多利安人則定居在伯羅奔尼撒半島和小亞細亞西南部。

接下來，在生存所需、希望維護好自己地盤的目的之下，他們便陸陸續續建立了一些城邦，古希臘人原本舊部落王國的形式就此解體。

為了便於防衛，希臘世界開始出現了很多衛城建築，希臘人稱之為「阜城（Acropolis）」。他們通常都會選擇一個防禦性比較好的高處，來建造衛城（「阜」就是土山的意思，地勢一定是比較高的）。

衛城自然也是地方首領居住的地方和武裝據點，由於是地方權力的中心，自然也就同時成為當地人民的聚會和宗教中心。

雅典衛城。德國新古典主義建築家萊奧・馮・克倫茨繪製於 1846 年。

衛城——被譽為「希臘最傑出的古建築群」的雅典衛城，一直是旅遊勝地，位於雅典市中心的衛城山丘上，始建於西元前五八〇年，最初是用於防範外敵入侵的要塞，所以山頂四周都築有圍牆，古城遺址則在鄰近衛城山丘的南側。

以上所述就是希臘城邦的由來，是在希臘特有的地理環境以及歷史兩大因素的影響之下所孕育出來的產物。這些城邦一個個都是「小國寡民」的形態，每一個城邦通常都是由城市、城寨和周圍的農村所組成。

希臘城邦的總數最後超過了一百，其中比較有分量的是五個城邦，那就是雅典、斯巴達、底比斯、科林斯和阿古斯。雅典和斯巴達在希臘歷史上又格外重要，我們會在下一節再詳述。

◆城邦的政體變遷與民主政治的誕生

大體而言，除了極少數的例外，這些希臘城邦在政治方面的演變歷程都非常類似。最初都是君主體制，到了西元前八世紀演變為寡頭政治，再經過大約一百年，絕大部分的寡頭政治都被某一位獨裁者所推翻。這些獨裁者由於缺乏合法的統治威權，因而被希臘人稱為「僭主」，「僭」就是篡位的意思，由僭主所建立的政治體制就被稱為「僭主政體」，最後到了西元前六世紀和五世紀，發展為民主政體。

現在我們把這幾種政治體制稍微解釋一下。

最初的君主體制其實是承襲了舊部落王國的基礎，實行王政，國王主要的職務在於宗教和軍事。後來由於貴族勢力愈來愈大，因此逐漸形成了寡頭政治或貴族政治，總之就是由貴族這批少數人來主政。寡頭政治之後，演變為僭主政治，最後終於形成民主政治。

所謂民主政治，就是由所有人民來共同管理的政治體制。雖然兩千多年前的希臘民主政治，與我們今日民主的概念有所不同，譬如希臘民主政治中對於「所有人民」的定義，其實並不包括婦女、奴隸等等，人民參與政治的權利也會因財力的不同而分成若干等級，但儘管如此，這仍是君主體制歷經了數百年發展才形成的，仍是希臘文明中相當耀眼的成就。希臘城邦民主政治的極盛時期，也是希臘文明的鼎盛時期。

還有一點值得注意的是，在僭主政治中，儘管「僭主」這個詞在英語中同時也是「暴君」之意，再加上僭主又的確是一個專制的君主，所以很多人往往會誤以為所有的僭主都是暴君，但實際情形並不是這樣。由於這些僭主取得政權的方式不合法，可都是憑藉著人民的支持，因此上臺之後總是會盡量多做一些對人民有益、希望能夠繼續維繫民心的事，譬如解除在寡頭政治下普通老百姓所受到諸多不平等的待遇、興建公共建築、獎勵文教、保護工商業、向外擴張權益等等，所以這些僭主其實有很多都還是不錯的君主，真正變成暴君的僭主是少數。

我們不妨就來認識一位在希臘歷史上留下美名的僭主，他的名字叫做派西斯特拉妥。

就在著名的「**梭倫**變法」之後大約半個世紀，出身雅典貴族的派西斯特拉妥，在一般平民、牧人、小手工匠等老百姓支持之下，在西元前五四一年以武力奪得政權，成為雅典僭主。

派西斯特拉妥專政期間，頗多建樹。對內，他繼續推動梭倫的種種改革、把從政敵那兒沒收的土地分配給貧民、修建道路、在衛城廣興建築、重視文教、提倡藝文工作等，古代雅典戲劇就是在這個時期萌芽的。對外，派西斯特拉妥一方面與鄰邦維持友好和平，另一方面也採取了很多積極的作為，包括協助擴大雅典對外商貿、在馬其頓經營銀礦、提高雅典的幣值，還在愛琴海北端建立保護勢力，控制來自黑海區域的糧食運輸管道等等。

基本上，在派西斯特拉妥專政時期，雅典可說是相當的和平且繁榮。

不過，在希臘城邦政治的演進過程當中，僭主政治體制的壽命普

梭倫——梭倫（西元前六三八～前五五九年），是雅典著名的改革家和政治家。他出身於沒落的貴族，年輕時一邊經商、一邊遊歷，到過很多地方，深入了解各地的風土民情。

梭倫在西元前五九四年出任雅典城邦第一任執政官，制定法律，進行改革，史稱「梭倫變法」，是希臘歷史上一次相當重要且成功的改革，比中國戰國時代秦國商鞅第一次變法（西元前三五六年）還早兩百三十八年。

遍都比較短促，可以說似乎只是從寡頭政治進展到民主政治的一個過渡階段。

我們就還是以派西斯特拉妥為例吧。他在位共十四年，於西元前五二七年過世，他的兩個兒子——希畢阿斯和希帕克斯——繼位為僭主，繼續執掌雅典城邦。這樣過了十三年，希帕克斯在西元前五一四年被謀殺，希畢阿斯大受驚嚇與刺激，從此變得疑神疑鬼、動輒暴怒，竟然成為一個人人討厭的暴君，四年之後遭到放逐。不久，在西元前五〇八年**克里斯提尼**變法之後，希臘的民主政治便確立了。

最後我們還要強調的是，從西元前九世紀至西元前六世紀，不僅是希臘城邦演進的時期，在人口不斷增加、土地不敷使用、急需開拓其他資源的情況之下，再加上希臘人普遍又都具有喜歡旅行和冒險的天性，因此這三個世紀也同時是希臘人向愛琴區域以外的地方大舉移民、積極建立殖民地的時期。而隨著不斷的開拓，遠至今天的西班牙和**法國海岸殖民地**，希臘城邦的模式也就不斷的被複製，這也是希臘文明影響廣大的明證。

克里斯提尼——生於大約西元前五七〇年，卒年不詳。他是雅典著名的政治家，曾在西元前五二五至前五二四年擔任雅典首席執政官，在西元前五〇八年聯合許多平民透過公民大會，推動了一系列重大的改革。

法國海岸殖民地——譬如希臘人在法國海岸的殖民地馬賽里亞，就是今天法國著名海港——馬賽的前身。

3 兩個極端的城邦

在前一節我們提到過，希臘一共發展出一百多個城邦，而斯巴達與雅典是其中最為重要的兩個。有意思的是，這兩個城邦王國所呈現出來的風格，竟然剛好是兩個極端。

◆嚴酷的斯巴達

斯巴達是由多利安人所建立的城邦。起源大約是在西元前九世紀末葉，多利安人進入伯羅奔尼撒半島東部以後，征服了邁西尼人，控制了整個拉科尼亞地區，接著又吞併了麥西尼亞平原。

在這個階段，儘管斯巴達人驍勇善戰，至多仍只是軍事主義色彩比較濃厚而已，而後世之所以總是會把斯巴達與「嚴酷」這一類的形容詞聯繫在一起，主要是因為在西元前七世紀中葉，斯巴達曾經面臨幾乎要被滅亡的嚴重危機。

當時麥西尼亞人在另一城邦王國阿古斯（也是希臘城邦中相對比較重要的一個）的協助之下，激烈反抗斯巴達，不僅入侵了拉科尼亞地區，情勢還一度對斯巴達非常不利。後來斯巴達好不容易取得勝利，並且在戰後把麥西尼亞人通通都變成農奴，為了避免類似事件再度發生，再加上他們本身地理位置上的孤立（因為東北邊和西邊都為山嶺所阻隔），附近也沒有足堪學習的好鄰邦，以至於斯巴達在文化發展上一直較為滯後，走上了軍事獨裁政體的道路。

西元前六〇〇年左右，斯巴達的憲法完成了，此後，斯巴達就一直保留了君主政體，從未發展出民主政體或是比較開明的政治體制。

不過，斯巴達的君主政體與一般君主政體的概念不同，他們有兩個國王，這是為「黑暗時代」中兩個多利安家族所特別保留的位置。然而，這兩個國王實際上也並沒有享有很多的權力，主要職權就是擔任軍事統帥和祭司。

斯巴達重要的行政機構有三個：

● **元老會議**

為最高司法機關，有權監督行政和準備提交公民大會決定的法案。一共有三十個成員，除了兩個國王，另外二十八個都是年滿六十歲以上的貴族。

● **公民大會**

由全體成年的男性公民所組成，負責選舉元老會議以及監理院的成員。

監理院

由五位監理官所組成，負責主持元老會議和公民大會，監理全國人民的生活，甚至有權在必要時將國王廢黜。

由於監理院的權力凌駕於元老會議和公民大會之上，負責實際的政務，是真正的統治者，因此貌似君主政體的斯巴達，在本質上其實是屬於寡頭政治。

現在我們就來看看，斯巴達最具特色的軍國主義是如何的嚴酷。

首先，每一個出身於公民階級的男嬰，在誕生之後就必須立即接受監理官的檢查，只有被監理官判定屬於健康的寶寶才有資格存活，不健康、四肢不健全的寶寶就會遭到丟棄，任其自生自滅。

健康的寶寶只能在父母身邊待上七年，凡是年滿七歲的小男孩就必須離開家庭，開始接受嚴格的軍事和體能訓練。年滿二十歲以後，他們便被編入軍營，服役至三十歲，在三十歲以前都得住在軍營。

1785 年瑞士畫家所繪的《斯巴達的擇童》。斯巴達的孩童會經過組織的篩選，夠健壯才能存活。

年滿三十歲後可以結婚，但婚後也幾乎不在家，因為他們在二十歲被編入軍營開始服役的同時，還得加入一個「共餐會」，裡頭的成員都屬於同等地位或階級，然後大家在六十歲以前都必須在共餐會裡一起進餐。

斯巴達的女性也要接受軍事訓練，只是沒有男性那麼嚴酷。如果與雅典婦女相較，斯巴達的女性倒是擁有更高的法律地位，不但可以繼承財產、可以在法庭中出庭，也可以管理較大的田產。

可想而知，斯巴達的社會結構必然十分森嚴。主要分成三個階級：

● 斯巴達人

是唯一的統治階級，只有他們才能享有政權。人數不多，從未超過全部人口的二十分之一。他們都是最初征服這塊土地的先驅的後裔，終身遵守著嚴格的生活紀律。全體成年男性公民都是公民大會的成員。

● 周圍居民

這些人的來歷不詳，可能是原來斯巴達人的同盟，或是自願被斯巴達人所控制的人。他們可以從事工商業活動，也享有一定程度的自由。

農奴

這是斯巴達社會地位最低的階層，也是勞動階層，被國家分配給斯巴達人「使用」。他們毫無自由，負責耕種土地，且只能居住在自己所負責耕種的地方，不得任意遷徙，在生活上長期受到監視。為了能夠更徹底的控制農奴，部分斯巴達人甚至會偽裝混居在農奴之中，只要一發現有什麼比較優秀的農奴，就會立刻加以剷除。

開明的雅典

今天希臘的首都雅典，在過去希臘歷史的城邦時代是一個城邦王國，占據著阿提卡平原。不過，在當時那麼多的城邦王國之中，早期的雅典從無足輕重，到後來竟然能獲得「希臘的學校」這樣的美譽，著實是不簡單，雖然這樣的評價一開始是雅典人自己自豪的說法，但最後還是得到了廣泛的認可。這主要是著眼於大家對於雅典在政治體制上的發展——尤其是在西元前五世紀所展現的民主政治——所給出的高度評價。

其實在西元前八世紀中葉，雅典還是屬於君主政體，但在此後大約一百年間發生了一些變化。先是貴族會議奪取了國王的政權，建立了由九位執政官為主導的貴族政體。這個時候雖然也有公民大會，但幾乎形同虛設，職權不彰；其次便是城市居民的中產階級，因為同情在土地兼併中喪失土地的農民，而強烈要求改革。於是，在西元前六二一年左右，一部帶著改革色彩的新的法典——《德古拉法典》——就這樣被制定了出來。

然而，由於這部法典的內容過於嚴苛，嚴苛到被很多人批評為「彷彿是用鮮血而非墨水所寫」，而不得人心。直到接下來歷經兩位傑出政治家的改革，雅典的政治體制才開始走向了民主，且日趨成熟。

這兩位深深影響了希臘歷史的人物，我們在上一章都已經提過他們的名字，那就是梭倫和克里斯提尼；在時間上是前者的改革在先，後者的改革在後，中間又相差了近百年。現在我們就來了解一下關於他們改革的細節。

先說梭倫。即使他自己是出身貴族，他卻放寬了成為執政官的資格，不僅讓中產階級有擔任執政官的機會，就連工匠業者、成為永久居民的外國人，也都有同樣的機會，無異是積極擴大了平民的參政權。

梭倫就這樣以「每一個部落一百人」的原則，成立了四百人會議，做為公民大會的指導委員會。

在司法和經濟方面，梭倫也有不少改革的舉措，包括廢除了財產抵押、禁止因債務而賣身為奴的慣例、鼓勵生產、發行新的錢幣等等。可以說雅典的政治體制就是這樣從「梭倫變法」，開始邁向了民主。

可是，梭倫的改革還是沒能解決許多根本性的社會問題，於是在大約半個世紀以後，發生了我們在上一章所提到過的派西斯特拉妥，以武力奪得政權、成為雅典僭主的事件。後來，一群貴族在斯巴達的協助之下，推翻了僭主政體（當時的僭主是派西斯特拉妥的兒子希畢阿斯），雅典的情勢頓時變得頗為混亂，直到西元前五〇八年，貴族出身的克里斯提尼聯合平民的力量，這才總算控制住了局勢。

克里斯提尼執掌雅典政局的時間，雖然只有區區六年左右，卻使得雅典的民主政治有了極大的躍進，因而被後人尊稱為「雅典民主政治之父」。

他一方面削減貴族會議的權力，一方面又把梭倫成立的四百人會議擴大為五百人會議，成員則由各區人民以抽籤的方式產生，每一年只要是年滿三十歲的男性公民（每一部族以五十人為原則），都有機會被抽中。此外，鑒於五百人會議成員過多，在討論事務的時候不易取得共識，克里斯提尼又把這個五百人的會議分為十個委員會，每個委員會正好是五十人，在一年當中輪流主持國政十分之一的日子，也就是大約三十六天。

由全體公民所組成的公民大會，則每年至少召開十次，每次參與的公民人數必須超過六千人才可議事。

為了懲治居心不良的政治人物，克里斯提尼還想出一個特別的方法，那就是把嫌疑人的名字寫在陶片上，在公民大會上讓大家投票來決定，如果得票數過半（也就是超過了三千零一票），嫌疑人就會遭到放逐，但其公民資格與財產並不會被剝奪。

接下來，雅典的民主政治到了伯理克西斯（西元前四九五～前四二九年）時期，算是發展到了頂點。在伯理克西斯主政的三十二年之間（西元前四六一～前四二九年），雅典在各方面的發展都可謂相當鼎盛，而被後世稱為「黃金時代」。

在這段時期，公民大會是最高權力機關，除了軍事和外交這兩方面因為需要專業知識和能力，因此特別由公民大會選出「十將軍」來負責之外（任期一年，

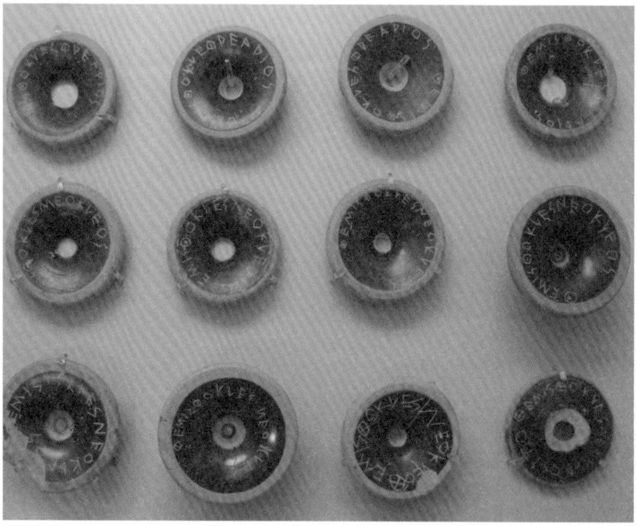

陶片流放制。這是在雅典衛城附近的井裡發現的陶片，上頭刻著可能被票選而流放的人的名字。

但可無限制的連選連任）。

其他政務，伯理克西斯基本沿用了克里斯提尼的做法，由五百人會議來負責安排政務議程和會期，會議的成員任期是兩年，經由抽籤產生，每一個普通公民在一生當中幾乎都有機會擔任。伯理克西斯也將五百人會議分成十個委員會，每個委員會五十人，在一年當中各自負責國政十分之一的時間。委員會的主席也是由抽籤的方式所產生，任期一天，在這一天他等於就是雅典的國家元首。

這種讓每一個公民都能參與政治的設計，就是雅典民主政治最可貴之處。伯理克西斯曾十分驕傲的表示：「我們之所以能稱為民主政治，是因為我們的行政機關是操在多數人、而不是少數人的手上……雅典是希臘的學校……」著名的「雅典是希臘的學校」之說就是這麼來的。

然而我們必須還是要強調，雅典的民主發展，在整個人類文明史上固然彌足珍貴，但是在實質上卻仍然是屬於「少數統治」，和我們今天對於民主的定義是不一樣的；因為即使是開明如雅典，仍然排除了婦女、大多從事工商業的外國居民以及奴隸，而這些人群占總人口的比例其實還相當高。

第二章　希臘的內憂外患及馬其頓崛起

穩定發展、持續擴張自己實力的希臘，終於迎來挑戰者的威脅。
受到來自東方的波斯帝國侵略，以及自己在地中海地區的內鬨，
經歷對外對內的兩場戰爭，傷痕累累的古希臘世界，
最後避免不了向之後崛起的另一股新勢力投降的命運……

1 世界第一次的東西衝突「波希戰爭」

從西元前八世紀至六世紀中葉，放眼當時的大環境，無論是地中海或是近東的局勢都很利於希臘城邦的發展。比方說，當時所有曾經與愛琴區域發生過接觸的邦國之中，有的已經解體、有的並不好戰，而後來叱咤風雲的馬其頓王國，此時還沒有登上歷史的舞臺，羅馬也還只是位於臺瓦拉河畔一個名不見經傳的小邦，再加上埃及的勢力早已式微，波斯的勢力又還未興盛……。這段為期一百多年的歲月，正好讓希臘城邦可以安安心心的成長與茁壯。

等到西元前六世紀中葉，近東的波斯帝國崛起，並且勢力漸漸拓展至愛琴區域以後，情況就不一樣了。

還記得我們在卷一《世界史的序幕》中講述過的那位雄才大略的居魯士大帝嗎？他以伊朗南部一個小王國起家，花了十幾年的時間，陸續打敗了米提、呂底亞和新巴比倫三個王國，統一了大部分的古中東，建立起一個從印度到地中海、相當龐大的波斯帝國。而波斯帝國的勢力之所以會伸及到地中海，就是因為當時愛奧尼亞海的希臘諸城是隸屬於呂底亞王國，所以當呂底亞王國被居魯士大帝征服之後，這些城邦也就被納入了波斯帝國的勢力範圍。

由於希臘城邦的反抗，以及波斯帝國有志於稱霸歐洲，遂爆發了世界上第一次的東西衝突——史稱「波希戰爭」。

波希戰爭前後歷時半個世紀（西元前五〇〇～前四四九年），不過並不是持續性的戰鬥，雙方第一次正式交戰是在西元前四九〇年，在往後十年之內並無戰事；到了西元前四八〇年再度交戰，然後敵對狀態就一直延續；到了一年後，西元前四七九年，雙方展開第三次主要交鋒。

這三次交戰都是因波斯進攻而展開，但是在三次進攻均以失敗告終之後，希臘開始反攻，趁機擴張海上勢力，雅典更因此建立了在愛琴海域的霸權。到了西元前四四九年，希臘海軍在賽普勒斯島東岸重創了波斯軍隊，至此波希雙方終於都同意用和談的方式來結束戰爭。

這場極具紀念意義的戰爭是為何而展開？現在就讓我們從頭說起吧。

波希戰爭的上半場

在西元前七世紀時（也就是希臘城邦歲月靜好的那個階段），希臘人很早就

希臘重裝步兵與波斯戰士戰鬥景象被繪於陶杯上。

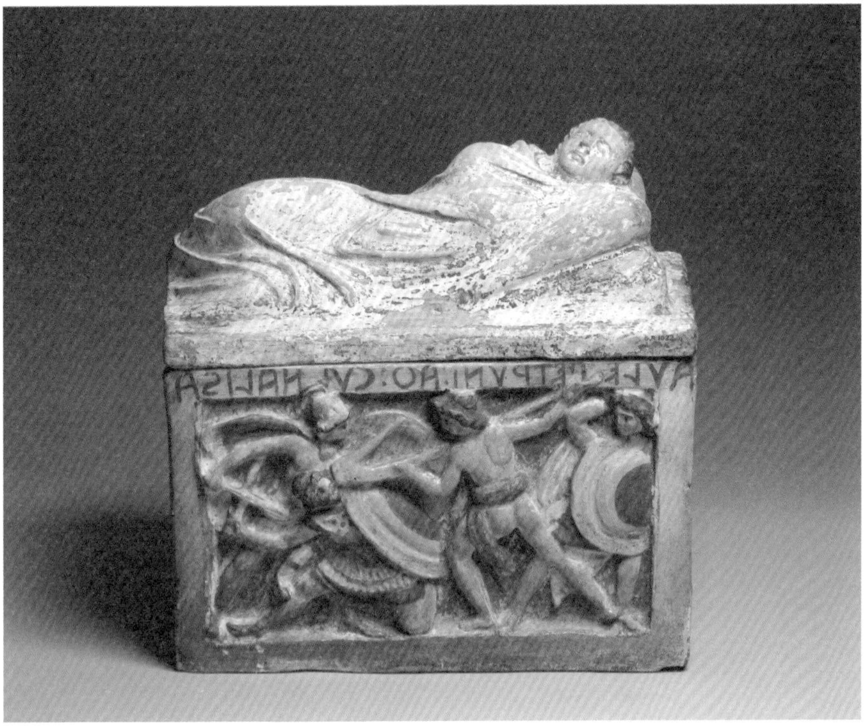

當時骨灰罈上雕刻著馬拉松戰役中，希臘英雄對抗波斯人的英姿。

注意到在他們東邊有兩個主要的國家，一個是波斯，另一個是對他們比較友善的呂底亞。

在與呂底亞王國的接觸中，希臘人獲益不少，譬如鑄幣術就是他們於西元前六二五年左右從呂底亞王國那兒學習而來，然後傳播至歐洲。

在西元前五四六年，呂底亞王國被波斯帝國居魯士大帝率軍所征服。居魯士大帝於西元前五二九年左右過世之後，波斯帝國曾經陷入過短暫的混亂，大約七年之後，由大流士大帝一世（西元前五五〇～前四八六年）穩定了政局。大流士大帝一世的文治武功亦很了得，就是頗有些好大喜功，擴張過度，以至於消耗了過多的國力，而他對小亞細亞西岸愛奧尼亞海希臘諸城的橫征暴斂，更是直接引起了反抗。

在西元前五〇〇至前四九九年左右，為了不願繼續被波斯帝國納入囊中，愛奧尼亞海希臘諸城向其他希臘城邦求救，但只有雅典和一個叫做伊瑞特里亞的小城邦願意馳援。

這樣的反抗持續了五年左右，終於被強大的波斯帝國徹底撲滅，宣告失敗。與此同時，大流士大帝一世也決心要征討「居然膽敢前來幫忙」的雅典和伊瑞特里亞。

西元前四九〇年，波斯帝國先占領了尤比亞島，以其做為根據地，率著為數兩萬左右的波斯主軍在雅典東北方，大約相距四十公里的馬拉松平原登陸。（看到「馬拉松」這個詞大家會不會覺得很熟悉？有沒有人馬上就猜想這會不會跟現在非常風行的馬拉松賽跑有關？說實話還真有關係，請大家慢慢往下看。）

為了這次的軍事行動，大流士大帝一世可說是做了充足的準備，甚至還先派使者通知各個希臘城邦，表示自己只想打雅典，希望其他希臘城邦能夠保持中立。

面對兩萬人左右的波斯軍隊，雅典只有一萬士兵應戰，再加上一個叫做普拉特亞的小城邦所派來的一千士兵支援，雙方兵力懸殊。雅典為了討救兵，派出一個跑得最快的勇士前往斯巴達求援。

這個勇士名叫費迪皮底斯，他在三十六個小時之內跑了兩百四十一公里，到達斯巴達。斯巴達雖然答應支援，但出於宗教迷信，堅持一定要等到月圓之夜才能出兵（後來當斯巴達軍隊抵達的時候，戰爭已經結束了）。費迪皮底斯便帶著這個令人失望的消息又一路跑回雅典，與同袍一起戰鬥。

眼看情勢危急，雅典的指揮官下令士兵們以奔跑的方陣，來迎擊波斯軍隊（大概就是我們在電影中經常可以看到的「衝啊——！」的場面），結果這種奔跑的方陣還真有效，波斯軍隊雖然擁有攻擊力很厲害的強弩，以此來攻擊不斷往前衝的敵人，但希臘軍隊靠著奔跑的速度以及甲冑的防衛，並沒有多大的折損。

希臘軍隊就這樣以寡擊眾，贏得了勝利。在這場首度交鋒之中，波斯士兵死亡人數大約六千，希臘士兵死亡人數卻不到兩百。

戰鬥結束，費迪皮底斯又自告奮勇願意跑回雅典，去告訴大家勝利的好消息。等到他跑回雅典，完成報喜任務之後，終於因太過疲憊而倒地不起。之後，希臘把死難戰士合葬在馬拉松的一個大墳墓裡。現代馬拉松賽跑運動就是起源於此。

◆波希第二次衝突及希臘城邦的反攻

波斯帝國本來是打算很快就要再次興兵反擊，但是大流士大帝一世卻在戰後四年過世了，繼位者是他的兒子薛西斯（約西元前五一九～前四六五年）。

薛西斯一上臺，當務之急是需要處理埃及和巴比倫的叛亂，所以想要再度遠征希臘的事就這麼被延宕了下來，不過薛西斯一直牢牢記在心上。

馬拉松戰役中，費迪皮底斯做為傳訊者，四處奔波，最後在跑回雅典傳遞戰勝喜訊後，力竭而亡。

經過十年的準備，薛西斯在西元前四八〇年，也就是在波希首度交鋒的十年之後，幾乎是傾全帝國之力再次對希臘發動遠征，規模比第一次要更為龐大，至少動員了十五萬左右的士兵，以及超過六百艘的戰艦，矢志要消滅希臘，完成父親大流士大帝一世未竟的事業。

這回整個希臘城邦都知道事態的嚴重性，決心團結起來，採取聯合作戰。在軍力的分配上，陸軍以斯巴達為主，海軍則以雅典為主。

其實在波斯第一次入侵失敗之後，接下來的幾年之內，就算雅典內部也發生過一些內亂，但是他們始終不敢對波斯掉以輕心，唯恐哪一天波斯帝國又會捲土重來。

雅典防衛的重點是加強海軍建設。到了十年後，波斯帝國第二次準備大舉進犯時，雅典已經擁有大約兩百艘三層槳座的戰船，是一支相當強大的艦隊。

戰爭開始後，斯巴達國王率領一支精兵防守詹莫皮萊隘道，這個隘道位於希臘中部的艾達山和馬里亞克斯灣南岸之間，易守難攻。不料在經過一番激戰之後，斯巴達軍隊，包括國王在內，竟全部陣亡。與此同時，波斯與雅典雙方海軍也在詹莫皮萊隘道附近的海域，也就是在希臘大陸與尤比亞島之間，有過三次交戰。

待詹莫皮萊隘道失守後，希臘海軍必須縮短防線，造成雅典也就此失去了屏障，雅典人匆忙撤出。不久，波斯軍隊抵達，雅典城果真遭到了焚毀，但雅典的軍力，包括陸軍和海軍的實力，並未遭到毀滅性的打擊。

過了一段時間，冬天的腳步近了，對於由東方遠征而來的波斯來說，由於補給不易，情勢變得有些棘手。波斯國王薛西斯希望能夠速戰速決，在希臘城邦這兒，對於後續該如何應戰，卻遲遲無法達成共識。雅典領袖堅持要與波斯在海上進行決戰，後來在希臘將軍的誤導之下，波斯海軍果然中計，眾多戰艦在一個狹窄的海道中亂成一團，最後竟導致多達兩百艘戰艦沉沒，而希臘海軍在這一役中只損失了四十艘。

這次海戰之後，波斯失去了制海權。薛西斯黯然返回波斯，但仍把剩餘的大軍留在占色薩利，並指定一個大將留下來指揮。

後來這個波斯人將一方面鎮守占色薩利，另一方面企圖分化希臘城邦，計畫各個擊破。分化的工作似乎頗為奏效，不久後，希臘城邦變得不能團結，斯巴達及其盟邦又都拒絕派軍駐守希臘中部，阿提卡又被波斯軍隊占領……一切情勢對希臘城邦，尤其是對雅典，都愈來愈不利。

到了西元前四七九年，希臘各城邦總算仍然組成了聯軍，與波斯軍隊在普拉特亞平原和附近海域展開對決。

波希戰爭中激烈的海戰。

這次的對決，一開始波斯軍隊由於步兵和騎兵都非常彪悍而占了上風，希臘聯軍一度退至布奧西亞與阿提卡之間的山地，波斯軍隊誤認希臘聯軍已經潰敗，求勝心切，急急忙忙就展開追擊。沒想到波斯的騎兵在山地之間根本無法施展，結果被希臘的輕裝步兵所擊敗，由斯巴達主導的陸上決戰取得了勝利。

同年，由雅典主導的海上決戰，在邁卡爾海岬也再度大敗波斯海軍。

到這個時候，波斯帝國已經意識到，想要征服希臘城邦恐怕是不可能了。之後，如前所述，希臘這一邊，尤其是雅典，就開始對波斯帝國發動了反擊。在西元前四四九年，雅典派出代表赴波斯首都談判，並簽訂了「卡里阿斯和約」，議定波斯承認小亞細亞西岸希臘諸城邦的獨立地位，放棄對愛琴海及黑海之間的通道（赫勒斯滂海峽、博斯普魯斯海峽）的控制。這才讓前後長達半個世紀的波希戰爭畫上句點。

波希戰爭對整個世界歷史走向所產生的巨大影響，是非常顯而易見的。希臘城邦都是小國寡民，居然能夠力克強大的東方帝國，實在是近乎奇蹟。從此，正值興盛的希臘文明，終能免於被古老的近東文明所壓制的命運，而繼續發展。同時，地中海文明也從此取代了近東文明，成為世界歷史的重心。

2 地中海強權的內鬨：伯羅奔尼撒戰爭

既然波希戰爭對於世界歷史產生了那麼深遠的影響，對於當時地中海區域政治生態的牽動，自然就更為直接。其中一個最顯著的變化，就是雅典的崛起。

過去在希臘諸多城邦當中，由於斯巴達的軍事力量最強，所以一直是居於主導地位，早在西元前六世紀中葉成立的「伯羅奔尼撒聯盟」，就是以斯巴達為盟主，但是在波希戰爭結束以後，雅典卻明顯取代了斯巴達的領袖地位，甚至還有過之而無不及。

這不僅僅是因為雅典的海軍在波希戰爭中的功勞最大，還有一些其他的遠因，比方說利益因素的糾葛。

伯羅奔尼撒聯盟成員之一的科林斯（在第一章中我們曾經提到過，它是五個比較重要的希臘城邦之一），之前由於地處鄰近海灣的衝要之地，是希臘城邦中商業最先發達起來的一個，幾乎獨占了對「大希臘」（橫跨小亞細亞、北非及南義大利半島部分地區的古希臘殖民城邦總稱）的貿易。但波希戰爭卻打破了科林斯以往的優勢，希臘世界的商業重心開始逐漸移向了希臘本土和愛琴海島嶼。

長期在政治理念上的衝突也是重要的原因之一。希臘城邦本來就是各自為政、互不相屬，而斯巴達和雅典剛好又是兩個極端（請見第一章）。長久以來，他們對於對方那一套，都抱持著不以為然的態度，並且都想把自己的理念傳播給其他城邦。

在波希戰爭結束以後，儘管希臘城邦對於很多事務的看法不盡相同，但至少有一件事大家還是有共識的：為了抵制和提防波斯帝國，確保波斯帝國不能再向愛琴海這裡擴張，今後大家勢必要繼續保持合作，方能與波斯帝國對抗。於是，在西元前四七八年，小亞細亞和愛琴海島嶼的諸多城邦，同意組織一個海上聯盟來防衛合作，此時已成為海權國家的雅典，自然是當仁不讓的盟主。因為提洛島是太陽神阿波羅神廟的所在地，也是愛奧尼亞人的聖地，所以同盟總部便設在這裡，稱為「提洛同盟」。

一開始，這是一個相當自由、帶著互助色彩的聯盟。按照聯盟規程，參與聯盟的城邦都要定期派遣代表出席會議，並且依各個城邦國家財力的多寡，來貢獻船隻或金錢，供聯盟統一調度和使用。然而，在聯盟開始實際運作之後，最為富強的雅典就完全支配了聯盟。提洛同盟在成立二十四年之後（西元前四五四年），雅典乾脆把聯盟的財庫從提洛島移到自己的首都，從此，聯盟的財務完全受雅典政府所操縱，聯盟成員所貢獻的物質形同「進貢」，這讓參與聯盟的城邦都非常不滿。更過分的是，如果有聯盟成員國因為不能接受雅典的做法而想要退出聯盟，雅典竟然會以武力迫使其屈服，還會干涉各個成員國的內政、操控他們的選舉，目的就是要刻意讓那些願意與雅典合作的人當選。

就這樣，本來是以維護希臘城邦獨立自主、免於受到波斯帝國威脅為宗旨而成立的提洛同盟，反而嚴重損害了原有的城邦政治。而原本以開明、民主自豪的雅典，竟慢慢走向了「雅典帝國」的道路。

如此一來，希臘城邦之間的戰爭就難以避免了，「伯羅奔尼撒戰爭」也就因此爆發。

伯羅奔尼撒戰爭的始末

伯羅奔尼撒戰爭一共發生了兩次。

第一次發生在西元前四六〇年（波希戰爭結束十一年後），發動者是科林斯，戰爭主因是雅典在商業上的大肆擴張，嚴重損及到科林斯的利益，科林斯憤而起兵反抗。因為科林斯是伯羅奔尼撒聯盟的成員國，所以後世就稱這次衝突為「伯羅奔尼撒戰爭」。

這次戰爭持續了十四年，除了科林斯和雅典，斯巴達和其他一些城邦國家也都陸續加入戰局，但是到了西元前四四六年，在沒有什麼具體結果的情況之下，科林斯和雅典便決定休兵，第一次的地中海內鬨可以說是不了了之。

不過，休戰才十幾年，第二次戰爭就再度爆發，而且這次一打就打了二十七年（西元前四三一～前四〇四年）。

第二次伯羅奔尼撒戰爭，表面上仍然是因科林斯和雅典而起，但很快便發展成提洛同盟和伯羅奔尼撒聯盟兩大陣營的戰爭，許多希臘城邦都紛紛被捲入，戰事幾乎蔓延到了整個希臘世界。

在交戰之初幾年，雙方互有勝負，一直打到第十六年的時候（西元前四一五年），發生了一件事，對戰局產生了重大的影響。這裡有一位關鍵人物，他是一位雅典的將軍，名叫亞西比德，別名叫做阿爾基比阿德斯（西元前四五〇～前四〇四年）。

在後世的描述中，亞西比德是個典型的雅典人：聰明而又非常注重自我。他在戰爭時曾經提出一項作戰計畫，極力鼓吹遠征西西里島，攻占支持斯巴達的敘拉古城。就在出征前一天，雅典城內的赫爾墨斯神像卻莫名其妙遭到破壞（在希臘神話中，赫爾墨斯是眾神的使者），一些反對遠征西西里的人就散布謠言，說一定是亞西比德在幕後指使，因為亞西比德根本不敬神。亞西比德聽到這樣的謠言非常火大，很想要立刻追查，把破壞神像的人、連同幕後黑手一起給揪出來，但是時間上卻不允許他這麼做，隔天他還是只能按照既定的計畫，率領大軍倖倖然的出發了。

誰知亞西比德才剛剛離開雅典不久，雅典公民大會竟然就通過決議要召他回來進行審判。正在戰場上指揮戰鬥的亞西比德一接到消息，當然是大為震怒，立刻就要衝回雅典想為自己辯護，可是在途中他意識到，回去之後自己的處境恐怕會非常危險，於是就轉而逃走，躲了起來。公民大會遂對於亞西比德進行缺席審判，判他死刑。此舉徹底激怒了亞西比德，一怒之下，他竟然乾脆逃到斯巴達去，向敵人投降！

對於這個天上掉下來的好事，斯巴達自然是十分欣喜，認定神祇的旨意就是要毀滅雅典。

亞西比德為了報復，積極獻策，要斯巴達一方面立刻派遣海軍前往西西里島，為那已經被雅典軍隊包圍的敘拉古城解圍，另一方面應該火速出兵占領狄克利亞高地。狄克利亞高地位於雅典城北方，是雅典的對外通道，一旦這裡被占領，整個雅典城也就等同被封鎖了。

斯巴達欣然採納了這兩個建議，後來實施的結果也證明非常正確。在西西里島，斯巴達不僅大敗雅典海軍，讓那些已經登陸的雅典軍隊陷入絕境，最後只得投降；而雅典城在遭到封鎖之後不久，就發生了嚴重饑荒以及流行疾病，兩萬多個奴隸都趁機紛紛逃往斯巴達。

遠征西西里（西元前四一五～前四一三年）失敗，對於雅典的國力是一次沉重的打擊，但對於出賣祖國的亞西比德來說，下場也是悲慘的：戰後他因為遭到斯巴達人的猜忌，只得離開斯巴達，最後在小亞細亞被人給刺死。

在西西里大獲全勝的斯巴達，於同年（西元前四一三年）趁勝追擊，再度發兵入據阿提卡半島，困逼雅典。與此同時，伯羅奔尼撒聯盟在波斯帝國的援助之下，也強化了海軍，造成雅典過去在海上的絕對優勢也開始不保。接下來雅典苦苦掙扎了將近十年，終於在西元前四〇四年投降。

伯羅奔尼撒戰爭從西元前四六〇年開始，一直到西元前四〇四年結束，前後長達五十六年，竟然比為期五十一年的波希戰爭還要久。

希臘世界不再燦爛

而就結果而言，這場戰爭對於希臘城邦來說是相當致命的。關鍵在於戰爭的性質。在波希戰爭中，是希臘城邦一起面對共同的敵人波斯帝國，而伯羅奔尼撒戰爭卻是屬於城邦與城邦之間的內戰，因此這場戰爭對於希臘的民族道德造成了非常嚴重的破壞。比方說，在戰爭末期，斯巴達這一方為了取勝，竟然去求助曾經的敵人波斯帝國，請波斯帝國協助他們建立和訓練海軍，好來對付雅典，這就是一個顯著的例子。同時，波斯帝國也趁此良機，得以大加恢復原本在小亞細亞海岸的優勢，因此重獲機會，可以再度將手伸進地中海地區，干預希臘世界的事務。

其次，在戰爭期間，交戰的城邦之間相互燒殺擄掠，其殘酷的程度與當年波斯帝國入侵時相比毫不遜色，種種慘不忍睹的畫面實在是令人感到心寒。

此外，過去希臘城邦最令後世羨慕的，就是他們可以各自為政，因此保持著更多的彈性和發展的可能。可是在超過半個世紀的伯羅奔尼撒戰爭中，城邦之間互相結盟和對抗，自然就逐漸喪失了過去那種獨立自主的精神。

所以，雖然戰爭結果最後是斯巴達戰勝了雅典，但實際上在這麼漫長的歲月當中，幾乎所有的城邦都是處於一種動蕩不安的狀態，政治社會的發展都受到了阻礙，無論是對伯羅奔尼撒聯盟或是提洛聯盟哪一個陣營，尤其是對斯巴達與雅典來說，其實都是兩敗俱傷。

更何況斯巴達的勝利也沒能維持太久。僅僅過了九年（西元前三九五年），一個包括雅典、底比斯、科林斯和阿各斯的聯盟又結成了，大家一起反抗熱衷寡頭政治的斯巴達，想要打擊斯巴達在希臘半島的霸權。二十四年之後（西元前三七一年），底比斯擊敗斯巴達，繼起稱霸。底比斯稱霸了近十年（西元前三六二年），又再度被另一個包括斯巴達、雅典和其他城邦的聯盟所顛覆。

從此，希臘世界再也沒有一個足夠強大的中心勢力，城邦之間總是基於現實利益分分合合，這樣的情勢便恰恰給了馬其頓王國崛起的機會。

3 馬其頓崛起與亞歷山大東征

馬其頓位於希臘半島之北，包括卡爾基第吉半島以北的近海平原及其西北的高地。平原地帶土地肥沃，東境有銀礦，而且儲量相當豐富，是馬其頓重要的天然資產。

馬其頓王國始建於西元前七世紀，王國組織與荷馬時期的希臘部落王國相似，人民也是說著印歐語。不過，儘管王室自稱是希臘人，但是在古希臘那段時期，馬其頓王國並不是希臘世界的一部分，甚至在絕大多數希臘城邦的眼裡，馬其頓只不過是一片遼闊落後之地，而馬其頓人都是未開化之民。事實上，即使在西元前八世紀已有希臘城邦王國在馬其頓沿海建立過殖民城邑，但相對而言，馬其頓受到希臘文化影響的時間確實是比較晚。

西元前五世紀末，波希戰爭爆發的時候，馬其頓王國是波斯王國的附庸，但在接下來長達半世紀的波希戰爭裡，馬其頓一直沒有積極參與。波希戰爭結束後，雖然馬其頓與希臘世界的關係已經愈來愈密切，但是在後來兩次伯羅奔尼撒戰爭中，他們同樣是極少數沒有被深度捲入其中的城邦王國。就這樣，馬其頓經過一個半世紀不動聲色的發展，到了腓力二世國王當政的時候，馬其頓王國已經進入嶄新的階段，而這時，希臘大多數其他城邦在伯羅奔尼撒戰爭結束之後，仍然在吵吵鬧鬧、征戰不休。

馬其頓王國實力的奠基者：腓力二世

馬其頓的國王腓力二世（西元前三八二～前三三六年），是一位非常具有遠見，能力也非常卓越的人。他在年少時曾經「入質」底比斯城邦（那時正是底比斯稱霸地中海地區的時候），這段經驗對於腓力二世的影響很大。

腓力二世在底比斯期間，不僅親身感受了希臘的文化生活，十分欣賞，也潛心學習了底比斯的軍事組織和戰術，獲益匪淺。他在二十三歲的時候（西元前三五九年）開始攝政，三年後正式即位為王。腓力二世從當政之日開始便勵精圖治，一方面控制貴族、穩定政局，另一方面積極開發森林與金礦，豐富國家財庫，同時也運用自己過去在底比斯學到所有軍事方面的本事，建立了一支由自己親自統帥的軍隊，來取代舊式的部落武力。這支軍隊的戰鬥力非常強大，腓力二世就靠著這支軍隊逐步統一了希臘半島的北方，然後開始向南發展，此後的二十年，對希臘世界事務的干預程度愈來愈深。

其實打從腓力二世當政之後沒多久，雅典就有一些有識之士大聲疾呼，主張應該提防馬其頓，可是都沒有受到重視。終於，腓力二世征服了希臘大部分的國土，在西元前三三八年創建了一個希臘聯盟，

入質——所謂「入質」，就是指諸侯、屬國或藩部把王室子弟送到中央朝廷所在地，做為人質，表示臣服。在中國的春秋戰國時期（西元前七七〇～前二二一年），諸侯之間也經常相互把兒子質押給盟國，做為兩國保持和平的保證。比方說，秦始皇（西元前二五九～前二一〇年）的父親異人，原本是秦國太子安國君的兒子，後來就是因為被送到趙國首都邯鄲去做「質子」，然後在那認識了商人呂不韋（西元前二九二～前二三五年），而被呂不韋視為「奇貨可居」。

除了斯巴達，所有城邦都加入了這個聯盟，並奉腓力二世為盟主。

希臘城邦總算又有了一個強而有力的領導者，一如當年的斯巴達和雅典。按這個聯盟的章程規定，每個城邦在名義上雖然還是繼續保持自主的地位，但必須供給相當數量士兵的軍隊讓盟主來統一指揮，組成希臘聯軍，而且如果碰到什麼重大的事務，也都必須遵從盟主的意志。

翌年，四十五歲的腓力二世就在聯盟會議中雄心勃勃的宣布，決定要出征波斯。一年之後，希臘聯軍的先遣部隊就已經開赴小亞細亞。然而就在這個時候，腓力二世竟然在女兒的婚宴上被刺身亡，之後其子即位。

這位即位的兒子，就是日後在歷史上赫赫有名、武功彪炳的亞歷山大大帝（西元前三五六～前三二三年），我們在卷一《世界史的序幕》講到埃及的衰亡時曾經稍微提到過他。現在就讓我們更深入的來了解這位被稱為「古代世界最著名的征服者」吧！

◆──亞歷山大大帝的東征野心地圖

亞歷山大即位的時候年僅二十歲，但在成為馬其頓國王時並沒有遇到什麼困難，這主要是得力於父親很早就對他開始進行養成教育。這方面，亞歷山大似乎不如父親有遠見，不過，這個之後再提。

腓力二世不僅早早就讓亞歷山大具備有關軍事方面的知識和經驗，也很注重亞歷山大的文化教育，還特地請著名的哲學家亞里斯多德（西元前三八四～前三二二年）擔任亞歷山大的老師。在腓力二世的精心培養之下，年輕的亞歷山大早已做好充足的繼位準備，所以在父親意外過世之後，才能立刻扛起重任。

原本很多城邦得知腓力二世驟逝，又看亞歷山大這麼年輕，都心中竊喜，以為可以趁機擺脫馬其頓王國的統治，但他們很快就發現實際的情況並不是這樣。這個年輕的馬其頓國王出奇的勇猛果斷，凡是有任何城邦蠢蠢欲動，都會迅速遭到掃蕩。亞歷山大僅僅花了兩年左右，就牢牢控制住了整個希臘城邦，緊接著，他便想大幹一場，做一件父親來不及完成的事，那就是東征波斯。

在過去長達兩百年的時間裡，波斯一直是一個雄踞東方的帝國，統治著從地中海到印度洋的廣大地域。到了亞歷山大這個時代，儘管波斯帝國已經不復往昔那般輝煌，但仍然是當時最強大也最富有的帝

亞歷山大大帝。圖為對抗波斯的格拉尼庫斯河戰役。

國。西元前三三四年，亞歷山大發動了對波斯帝國的入侵。

這場東征非常大膽，因為亞歷山大必須將部分軍隊留下來控制地中海內的局勢，所以能夠調配出來參與東征的軍力其實並不多，不過就是一支不到四萬的騎兵，對波斯帝國當時擁有的兵力來說，實在是不足為懼。然而，亞歷山大就這樣毅然展開了東征，而且戰果豐碩。

發動東征的同年，亞歷山大就征服了小亞細亞；翌年征服敘利亞，並且在「伊休斯之役」大敗波斯，還俘虜了波斯國王的家庭；兩年後再次重創波斯，波斯至此實際上已經滅亡。在征服波斯的前一年（西元前三三二年），亞歷山大還征服了埃及。

征服波斯之後，他並沒有停下東征的腳步，而是繼續向東一路推進，並於西元前三二六年抵達了印度西北部，可是因為此時士兵們都不願再繼續前進，亞歷山大只好不情願的返回波斯，打算先行休整一段時間。

三年後，西元前三二三年六月上旬在巴比倫，當亞歷山大正準備向阿拉伯半島進軍的時候，突然因發燒而病倒。這場病來得又急又猛，十天之後亞歷山大就過世了，死的時候還不滿三十三歲。

亞歷山大確實是一位了不起的統帥，在他展開東征之後的十一年間，從未嘗

鑄有亞歷山大形像的古希臘錢幣，此為錢幣正面。

鑄有亞歷山大形像的古希臘錢幣，此為錢幣反面。

過敗績，在三十歲的時候就已經建立起一個西方古代歷史上最大的帝國，疆域從愛奧尼亞海一直延伸到喜馬拉雅山山脈，著實是令人驚歎。

除了他天生的統帥才能，一般分析亞歷山大之所以能夠取得一系列的勝利，還有兩個重要的因素。第一，亞歷山大的父親留給他的是一支非常精銳的軍隊，所以在他東征時，儘管士兵人數沒有波斯多，戰鬥力卻比波斯軍隊還要強；第二，亞歷山大非常勇敢，而他的勇敢又深深感染著每一個士兵，身為統帥，他其實大可在安全的後方運籌帷幄，但每一次關鍵戰役，亞歷山大必定身先士卒和士兵們並肩作戰，即使多次負傷也依然如此。

後世學者根據一些史料推測，亞歷山大除了計畫要入侵阿拉伯半島，很可能還是念念不忘要再次入侵印度，或是征服羅馬、迦太基和西地中海地區，他還組織了一支龐大的艦隊，計畫要親自率領，探勘從巴比倫繞經阿拉伯半島，到達埃及的海道⋯⋯。如果亞歷山大真的執行了這些計畫，並且持續累積成功的果實，那整個西歐的歷史就都要改寫了。只不過隨著他的突然離世，所有的計畫都宣告終止。

這還不打緊，更要命的是亞歷山大生前並沒有任命繼承者，因此在他死後不久，馬其頓王國便爆發了嚴重的權力鬥爭。鬥爭結果造成亞歷山大的母親、妻子們和孩子們全部都被殺死，他苦心經營所建立起來的帝國，也很快就被部將所瓜分了。

但無論如何，亞歷山大在他那個時代毋庸置疑是一個具有絕對影響力的人物，而且還有不少學者都認為亞歷山大的影響力之大，足以與後來法國的拿破崙（西元一七六九～一八二一年）和德國的希特勒（西元一八八九～一九四五年）相比，儘管亞歷山大的影響比後兩位要小，時間也較短，但這畢竟是受限於兩千多年前的交通與交流管道比較落後，才使得亞歷山大的影響只局限在世界的一部分，因此無怪乎亞歷山大會被稱為「古代世界最著名的征服者」了。

還有，請大家不必一看到希特勒的名字就感到不安，這裡所說的「影響力」並不表示就一定是正面的評價，只是陳述客觀的事實，僅僅就只是強調影響力的巨大而已。

第三章　西方文明的起點：希臘文化

亞歷山大大帝去世後，馬其頓王國的勢力也隨之消逝。不過，在他東征的過程中，留下了許多足跡讓後人追隨，更埋下了影響後世的種子。

即使亞歷山大不再帶兵東征，希臘文化依舊沿著他以前走過的路，向著東方前進，散播著希臘文明。

1 希臘化時代的開始與結束

從亞歷山大大帝過世之後，一直到西元前一世紀左右，也就是整個希臘世界都陸續被羅馬所征服為止，這中間的三百年間，由於是古希臘文明主宰了整個地中海東部沿岸的文明，所以在十九世紀後，被西方史學界稱為「希臘化時代」，可以說是希臘古典時代與羅馬文明之間的一段過渡時期。

想要了解希臘化時代，我們還是得從亞歷山大的東征開始講起。

還記得我們在卷一《世界史的序幕》中講到文化是如何向外擴散、不同的文化是如何交流的時候，曾經提到過戰爭，尤其是古代的戰爭，經常也是一種文化交流的方式嗎？亞歷山大東征之所以會在歷史上具有相當重要的意義，原因也在於此；儘管他所建立的帝國本身壽命很短，可是亞歷山大大帝的勝利並不只是為他自己取得了赫赫戰功，而是在東征的過程中促成了東西方文化交流。

比方說，亞歷山大在一路進軍東征的路線上，一共建立了二十多座城市，最初固然應該是出於軍事目的而建，用來保持戰果及管控領地，不讓那些被他征服的人還有一絲一毫東山再起的機會，但這些城邑很自然的就成了商業活動的新據點，緊接著許多移民接踵而至，使得這些希臘式的城邑在無形之中也就成為希臘文明的傳播中心。

其中最典型的例子就是亞歷山大港（位於埃及尼羅河河口），和安塔克雅（在今土耳其境內，但現在已成廢墟），後來無論是商業或是文化上的興盛，這兩座新城甚至還凌駕於很多希臘本土、包括雅典在內的城邑，而一躍成為全世界的主要城市之一。埃及所產的玻璃、紙草和穀物，都是從亞歷山大港輸出到外地，而中東和印度產品，也都是從安塔克雅轉運到地中海地區。

亞歷山大港尤為可觀，可以說是當時最大的城市，人口高達一百萬人，城內還有完好的街道設計，也有公園、博物館、圖書館等人文方面的公共設施，圖書館的藏書更是超過了七十萬卷。

由此得知，亞歷山大東征不僅僅只是他個人在武功上偉大的成就，更重要的意義是在於促使東西方文化在彼此交流後，都有了一番嶄新的面貌。在東方，隨著亞歷山大的到來，自然而然受到希臘文明的影響，使得希臘文明得以迅速傳播到伊朗、兩河流域、敘利亞、埃及等，過去希臘文明進入這些地方的速度可是非常緩慢的。亞歷山大藉由東征，還將希臘的影響遠播到了印度和中亞，這更是過去希臘文明從未到達過的地方。而對於西方來說，隨著亞歷山大的征服路線，也使得他們有機會深入的了解東方，進而也自然而然受到了東方文化、特別是宗教思想的影響。

在這樣東西方文化的相互影響之下，誕生了一種新的文明，歷史上稱為「希臘化文明」。

這種文明的誕生，究其源頭，與亞歷山大本人有很大的關係。

◆亞歷山大對希臘化文明的影響

亞歷山大是《荷馬史詩》的愛好者，還記得我們在卷一《世界史的序幕》中曾經提到過他在征戰途中都還不忘要帶著《伊利亞德》嗎？其實亞歷山大並不只是一個孔武有力的武將，他也是一個知識分子，懂得思考與分析。他在東征的過程中，經由實際接觸不同文化，有了一番非比尋常的見解，那就是——那些不是希臘人的人們，並不一定就是野蠻人。

在第一章的一開始我們就說過，古希臘人總自視為「文化人」，而視其他所有不會說希臘語的為「野蠻人」，長久以來這種看法在希臘世界十分普遍，幾乎可以說是希臘人的一種共識，就連亞歷山大的老師、堂堂的大哲學家亞里斯多德也是抱持著相同的觀點，但亞歷山大卻並不這麼認為。在亞歷山大看來，即使波

亞歷山大東征，對東西方文化交流影響深遠，人民穿戴也融合了東西方色彩。這個青銅像身著的長褲與三角帽，皆是來自希臘化世界東邊的服飾。

斯人是自己的手下敗將，但他們不僅和希臘人一樣，有他們自身的價值，應該像希臘人一樣受到尊重，同時也有值得希臘人學習的地方。在那樣的時代，亞歷山大能夠有這樣的認知，不能不說確實是真知灼見。

也因此，亞歷山大產生了一個想法，想要把自己帝國中東方和西方兩個部分融合在一起，創建一個結合希臘與波斯兩種文化的王國。為了實現這個目標，亞歷山大有兩個重要的舉措，一個是征募大量的波斯人加入自己的軍隊，並宣布會給波斯人與希臘人同等的對待；另一個是積極鼓勵雙方通婚，除了他自己又再娶了波斯國王的女兒（之前他已經娶過一位亞洲的公主），還親自主持了一場規模浩大的集體婚禮，在這場婚禮上，同時有多達幾千名的馬其頓軍人正式與亞洲婦女結婚。

亞歷山大還採用了波斯那種神權的帝國制度，開始以「神權君主」自居。諷刺的是，儘管當時很多亞歷山大的部將對於這種制度都頗不以為然，但是在亞歷山大過世之後，那些後繼的希臘化君主卻還是都紛紛仿效，日後還傳衍到了羅馬帝國。這種神權的帝國制度，也就這樣成為波斯影響西方文明極深的一部分。

總之，亞歷山大東征在歷史上的重大意義，就是使希臘文明和中東文明之間產生了密切的聯繫，並且同時豐富了這兩種文化。

接下來，我們就來看看在亞歷山大大帝過世之後，所謂「希臘化諸王國」的由來。

繼承者戰爭

亞歷山大在西元前三二三年過世後，他的帝國就立刻分裂，從這一年開始一直到西元前二八一年，長達四十二年間，亞歷山大的部將都在為爭奪統治權而征戰不休，這段歷史被後世稱為「繼承者戰爭」。

小亞細亞弗里家的總督安提柯率先擊敗了其他的將領，占據了原本亞歷山大帝國在亞洲的大部分領土。緊接著，安提柯的兒子德米特里入侵了希臘半島，並且於西元前三〇六年的一場海戰中，打敗了埃及總督托勒密所率領的軍隊。

我們在卷一《世界史的序幕》講到埃及的衰亡時，曾經提過托勒密王朝是埃及最後一個王朝，延續了兩百七十六年。這個王朝就是亞歷山大的部將托勒密於西元前三〇六年所建立的，他自稱為「埃及王」。也就是說，托勒密在還是埃及總督的時候，就遭到來自德米特里的打擊，只是沒有被徹底消滅，仍保留了一些實力，因此沒多久還是得以在同年順利稱王。

擊敗埃及之後，安提柯與德米特里父子倆便宣稱他們是亞歷山大帝國全境新的君主，但亞歷山大其他的部將還是不服，除了托勒密在埃及稱王，控制了埃及、腓尼基和巴勒斯坦之外，塞流卡斯取得了波斯、美索不達米亞和敘利亞，建立「塞流卡斯王朝」，利西馬科斯也占據了色雷斯，卡山德則占據馬其頓，都紛紛稱王。以上這些由過去都是亞歷山大部將所建立的勢力，就被稱為是「希臘化諸王國」。

之後又經過一連串的征戰，直到西元前二八一年，在塞流卡斯擊敗了利西馬科斯，兼併了小亞細亞之後，「繼承者戰爭」才宣告結束。

◆—希臘文明時代謝幕

在繼承者戰爭結束前後，希臘城邦為了抵制馬其頓的統治和壓迫，又先後組成兩個聯盟，一個叫做「埃托利亞同盟」，這個同盟在勢力最大的時候，控制了除雅典以外，所有希臘半島中部的城邑，還擴張到伯羅奔尼撒的部分地區；另外一個叫做「亞契安同盟」，它在極盛時期控制了斯巴達以外的伯羅奔尼撒大部分地區。

這兩個聯盟都有相當民主的憲章，也有共同的理事會和大會，聯盟政府可以徵稅、組織聯軍和執行對外政策，感覺上讓此時的希臘城邦之間，似乎又有走上政治合作和統一事權的傾向，但後來事實證明，這都不過只是希臘城邦的「迴光返照」，最後終究未能達到真正的統一。

日後當大家回顧這個廣大的希臘化世界，會發現從尼羅河、敘利亞一直到希臘、西西里和義大利南部，都具備著一種同質性相當高的文化，這就是經由亞歷山大大帝東征而促成、融合東方與西方文化的一種嶄新文化。

西元前一四六年，羅馬建馬其頓為行省，下令解散希臘的城邦聯盟，並且把希臘城邑都置於馬其頓總督的監護之下。接下來，羅馬又併吞了小亞細亞的國家，然後是敘利亞和埃及也難逃被納入羅馬領土的命運……。到了西元前三〇年，隨著埃及托勒密王朝的滅亡，新興帝國羅馬前後花了一個世紀左右的時間，終於陸陸續續征服了希臘化世界中所有的城邦，統一了地中海東部。

2 希臘哲學與哲學三大家

希臘文化在整個人類文明進程中的重要性無與倫比，不僅被公認是西方文明的源頭，也是世界文明中極其珍貴的文化遺產。在這一節中，除了希臘的宗教思想已經在卷一《世界史的序幕》書末介紹過，在此就不再重覆之外，對於其他方面的希臘文化，我們都將做重點式的介紹。

不過，在希臘城邦全盛時期與後來希臘化時代所展現出來的文化特點固然不盡相同，但是為了能夠講述得比較清楚，我們在此就不特別針對時間點多做細分，而是一併討論。

第一個應該要介紹的，就是關於希臘的哲學。希臘的哲學非常發達，可以說是希臘文化的精髓所在。

哲學的本質：對追求智慧的熱愛

有一個重要的概念我們必須先釐清，那就是希臘對「哲學」的概念和今日不同。今天在大學裡頭哲學系都是隸屬於文學院，理所當然被視為文科，然而希臘的哲學卻是文理通吃，許多優秀的哲學家同時也是出色的數學家、天文學家、科學家等等。

這是為什麼呢？最關鍵的一點是，古希臘哲學家是一群熱愛追求智慧的人。「哲學（philosophy）」一詞，就是源自希臘文「愛智（philo-sophia）」之意。古希臘之所以能夠孕育出這麼多偉大的哲學家，在本質上就是為了追求智慧。無論大家追求的方式如何、學說為何，整體來說目標都是差不多的，都是在關注宇宙的和諧、大自然的規律、各種事物之間的關係、整個世界內在的結構以及發展的趨向，在精神上都是一心想要追尋著「智慧」，總是努力想要以理性來解釋自然的一切，並且都認為能夠用思想來引領、開發和主導我們的行為。這既是展現人類智慧的光榮、具體表現出人類與動物的不同之處，同時也是我們人類的天職，身而為人不應浪費這樣的天賦和榮幸，否則就會使自己淪為與動物無異。

這些希臘哲學家不僅注重一個人的尊嚴，同時也十分關注人類的道德，他們總是強調道德的重要性，與此同時也總是希望能夠統整知識，用知識來提升道德，因此也會積極探索科學領域，無形之中就為日後的科學發展奠定了良好的基礎。

簡單來說，古希臘哲學建構了一個極為龐大，也極具開創性的思想體系，其中涉及的領域非常廣闊，成就也很大，在西方文明發展過程中有著根本性的重要意義。

在這麼多的希臘哲學家裡頭，蘇格拉底、柏拉圖和亞里斯多德無疑是最重要的三位，讓我們留到下一節再加以詳述（他們兩兩之間剛好都有師生關係；亞里斯多德是柏拉圖的學生，柏拉圖又是蘇格拉底的學生）。接下來讓我們先來了解一下希臘哲學發展的主要脈絡，並且認識幾位也是屬於重量級的哲學家。

開創希臘哲學的先驅

希臘哲學源於西元前六世紀，開山祖師名叫泰利斯（約西元前六三六～前五四六年），他誕生於小亞細亞的米利都，曾經出於商業旅遊的目的到過埃及和巴比倫，學會了埃及人和巴比倫人是如何丈量土地和觀測天文星象。

泰里斯被後世稱為「哲學之父」，他所創立的學派被稱為「米利都學派」，亦被稱為「唯物主義者派」，因為他們不滿足於過去那種用神話來解釋宇宙的方式，而是主張宇宙萬事萬物的本質其實都是始於一種原始的要素，那就是「水」，也就是說，萬物都是同生於水，最後又都同化於水。

關於這個「原始的要素」的說法，比泰利斯年代要晚的哲學家有不同的見解。一位名叫阿那克西曼德的哲學家認為，原始元素不是水，而是一種「無限、無窮盡」的概念，也可以說是一種「混沌」，意思就是說，混沌生萬有，萬有最終又復歸於混沌。

另外一位名叫恩培多克勒的哲學家則認為，「土、水、氣、火」才是構成宇宙萬物的四大要素，它們彼此在「愛與衝突」兩種力量的交互作用之下，有時吸引，有時排斥，因此產生了種種聚與散的現象。

泰利斯和阿那克西曼德同時也對天文和數學有所研究。據說泰利斯就曾成功預言過一次發生在西元前五八五年的日蝕。

一位同屬於西元前六世紀的哲學家，名叫色諾芬尼，認為希臘神話雖然非常精采，但都是人類基於想像所創造，實際上支配宇宙的應該只有一位唯一的神，而且這位神祇無所不在、無所不至。

到了西元前六世紀後期，出現一位相當重要的哲學家——畢達哥拉斯。他提倡素食；認為每個人的靈魂在形體死後，都會進入另外一個新的形體，而達到萬物合一；主張萬物的本質不是物質，而是一種抽象的原則或數，還強調物質與精神、善與惡、和諧與傾軋的分別，可以說是最早的兩元論者。畢達哥拉斯亦是一位傑出的數學家，幾何學上著名的「**畢達哥拉斯定理**」就是他所提出來的，不過也有人說這個定理其實老早就被巴比倫人所掌握。

畢達哥拉斯的學說在西元前第五世紀相當流行，但也再度引起關於宇宙萬物的本質之爭。有人認為恆久才是一切萬物的本質，所有變異都只是幻象；有人認為世間萬物一切都在不停的變動，但一切的變動又都是受到理性的支配；有人認為「『善』不僅僅只是不犯錯，而是根本就沒有要去犯錯的慾望」……。

希臘哲學的流派：希臘化時代之前

一般而言，進入西元前第五世紀以後，哲學家大致分為兩派——自然學派和詭辯學派。

自然學派

自然學派主張宇宙萬有，認為世間萬物，包括一個人的靈魂，都是由原子的不同組織和變化所造成，所以，當一個人死去的時候，組成人體的原子也就隨之散去，所謂的靈魂自然也就化為烏有。

在西方，這種自然學派的哲學在很長一段時間裡，也兼具自然科學的意義，比方說，有一位希波克拉底，就主張所有的疾病都必定有其自然原因，反對過去總是把疾病歸因於一些超自然的因素，更反對生病時一味去求助那些超自然的療法，所以希波克拉底和他的追隨者便強調要從「觀察」著手，為不同的疾病症狀盡可能做詳盡的紀錄。

畢達哥拉斯定理——畢達哥拉斯定理就是「勾股定理」，這是一個基本的幾何定理，指直角三角形的兩條直角邊的平方和，等於斜邊的平方。

詭辯學派

詭辯學派的哲學家，可以說是西方世界最早的職業教師，而且還都是全才型的教師，他們教授的範圍很廣，包括了宗教、語言、詩歌、美術、倫理、政治，還有一部分的自然科學譬如天文與數學。

這一類學派的哲學家，使普通老百姓也有機會獲得過去只有貴族子弟才能享受到的教育，也促進了修辭學和演說術的進步，但也造成一些流弊，漸漸流於只是想以口舌駁倒對方，對於探究人生的目的不再那麼的關心，因而留給世人的印象，往往就只是一群詭辯學者罷了。

◆希臘哲學的流派：希臘化時代之後

在進入希臘化時代之後，希臘哲學的主流主要是伊比鳩魯學派和斯多亞學派這兩大流派，但犬儒學派亦不應忽視。現在我們就來一一認識一下。

伊比鳩魯學派

此學派是由伊比鳩魯（西元前三四一～前二七〇年）所創。他生於薩摩斯島而死於雅典。他從少年時期便開始研究哲學，並在三十五歲那年來到雅典創立學

伊比鳩魯創立的伊比鳩魯學派，為希臘哲學的兩大主流之一。

派。因為他都是在花園裡講學，所以學派又有「花園學派」之稱。在來到雅典之前，伊比鳩魯一直都是在小亞細亞一些城邦講學，並且已經累積了相當程度的影響力。

伊比鳩魯的著作很多，但流傳下來的都只有片斷。他認為人生所應追求的最高目標就是免於困擾，而一個人只要能夠徹底放下得失心，不被野心牽著鼻子走，便可免於困擾。此外，伊比鳩魯認為只有透過對真理的認知，才能讓我們的心靈獲得平靜，同時，要盡量增加快樂、避免痛苦。他主張幸福生活的起點與終點都是快樂。

斯多噶學派

此學派的開山祖師是芝諾（西元前三三五～前二六三年），他早年曾經在雅典參加過柏拉圖的學苑，大約也是在三十五歲在雅典創立了斯多噶學派。

這個學派重視理性，主張要克制激情，不過核心精神是在於強調倫理信念，認為一個有道德的人無論生活是如何困厄、際遇是如何坎坷，都還是具備追求幸福的條件，而一個道德感薄弱的人，即使手頭握有如何優越的資源，最終也不可能幸福。

由於「倫理」這個概念超越了種族、性別與社會地位，再加上斯多噶學派強調智慧、勇氣、正義與適度，頗有天下一家的胸懷，對於後來的羅馬、乃至於整個西方文化都有重大的影響。

●犬儒學派

創始人是安提西尼（西元前四四四～前三七〇年），後來經由他的大弟子狄奧根尼（西元前四一二～前三二三年）發揚光大，甚至就連這個學派為什麼會叫做「犬儒學派」，後世有三種不同的說法，其中都有一種是與狄奧根尼有關，據說因為他的綽號就是「犬」，因此取名「犬儒」。另外兩種說法，一種是說因為這個學派喜歡在犬嶺的體育館講學，另外一種說法則是與他們的學說有關，因為他們認為塵世的一切都是空的，要靠善的道德生活才能獲得幸福，並主張應該過簡樸的生活，簡樸到一如動物。

總而言之，犬儒學派對於羅馬文明以及基督教苦修主義，都有極深遠的影響。

亞歷山大曾造訪犬儒學派的狄奧根尼。

希臘哲學三大家

現在，我們將一一介紹歷史上最具代表性的哲學三大家。

蘇格拉底

希臘哲學的發展，到了蘇格拉底（西元前四六九～前三九九年），有了很大的進展。蘇格拉底是雅典人。他出生寒微，父親是雕刻師，母親是接生婆。成年以後，他跟父親一樣成了一個雕刻師，但是在本業之餘，他更喜歡經常外出找別人討論問題。在某種程度上，蘇格拉底看起來似乎頗像一個詭辯學派的學者，但實際上並不是，因為他與別人的討論，並不像一般詭辯學者那樣只是想辯倒對方，他真正著重的是對於真理的思考與追問。

蘇格拉底甚至經常批評詭辯學派。由於詭辯學者幾乎都是職業教師，出於工作性質似乎總要教給學生一些看得到的東西，或者可以說是某種「成功術」，才會逐漸只專注在提升演說和辯論的技巧，這麼一來儘管豐富了修辭學，但是對於人生真理的探究，就慢慢的荒疏了。

蘇格拉底認為，所有好的行為都是經由理性所控制的，道德就是以理性來克制情感，而一個人之所以會表現出一些錯誤的行為，主要是源於無知，以及缺乏一種自省的能力。蘇格拉底曾表示：「未經省察的人生是不值得過的。」

蘇格拉底雖然也會講學，也有不少學生，可從來不曾以收徒教學為生，事實上也從未建立過一個完整的哲學體系，但他對於德行和知識不斷的討論，激發了之後柏拉圖和亞里斯多德的偉大學說，所以一般都公認古代希臘哲學是因蘇格拉底，才得以開創出一個無比輝煌的時代，蘇格拉底也就因此擁有不可抹煞的歷史地位。

而由他所創造的一種被稱為是「對話」的哲學辯論形式，日後更在柏拉圖的筆下，成為一種表達思想的主要文學形式，並且為之後的希臘哲學家所普遍效法，這也是蘇格拉底的貢獻之一。

蘇格拉底參與過伯羅奔尼撒戰爭（這是身為雅典公民的職責）。在雅典戰敗以後，斯巴達在雅典扶植過不具法理基礎的僭主政權，在當政者中有蘇格拉底的支持者，可是這個政權僅僅維持了幾個月就被推翻了，蘇格拉底的敵人就趁機攻擊他。西元前三九九年，七十歲的蘇格拉底遭到審判，罪名是腐化青年和不敬神（因為蘇格拉底支持一神信仰），結果被判死刑。

蘇格拉底拒絕上訴，也拒絕逃走，而是從容赴死。他在監獄裡喝下毒酒，按指示先起立行走，走到兩腿沉重再躺下，等待麻木的感覺慢慢傳到心臟。這整個

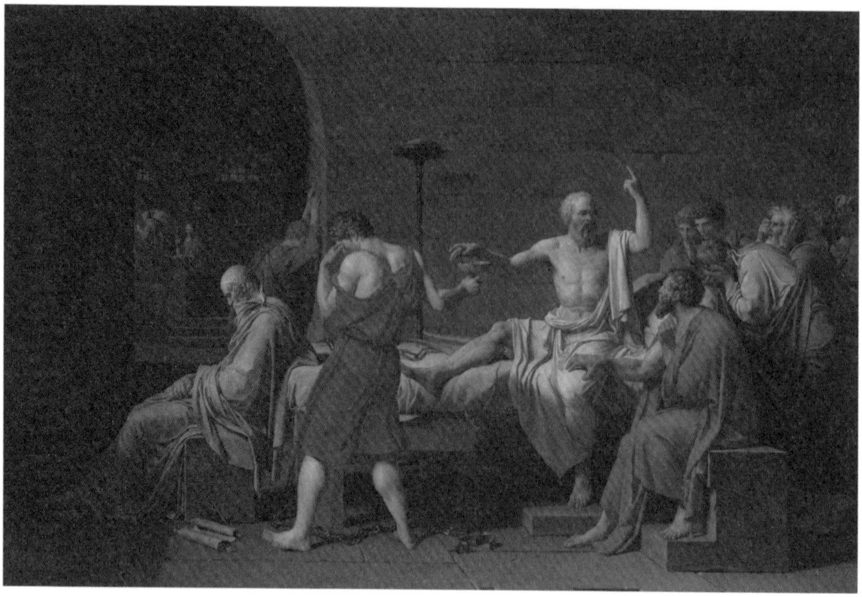

蘇格拉底因其思想行為在當時被視為對神不敬而遭判死刑。

行刑的過程，蘇格拉底都非常平靜的完全照辦，中間只有過兩次小小的打斷，一次是安慰朋友和弟子，叫他們不要哭了，另一次是想起自己還欠了某人一隻雞，交代弟子一定要幫忙償還。

蘇格拉底有一個悍妻，整天喋喋不休，所以在這方面留下不少軼事。最有名的一個小故事，是有一次老婆大人在一番厲聲數落之後，憤怒的朝蘇格拉底潑了一桶水，渾身溼噠噠的蘇格拉底並無不悅，只是幽默的表示：「雷霆之後必有暴雨，真是果不其然啊。」

柏拉圖

柏拉圖（約西元前四二八～前三四七年），是蘇格拉底的大弟子，但是他「青出於藍而勝於藍」，後來的成就比蘇格拉底還要大，被視為「西方思想之父」之一。

他出身於雅典貴族，在青年時期結識了比自己年長超過四十歲的蘇格拉底，從此蘇格拉底就成了他的良師益友，他曾經讚美蘇格拉底是自己所見過「最智慧、最公正也最傑出的人」。蘇格拉底死的時候，柏拉圖二十九歲左右，這對他的打擊很大，也讓他對雅典當局深惡痛絕。

蘇格拉底死後不久，柏拉圖就離開了雅典，開始他為期十年（或有十二年之說）的國外旅行，直到四十一歲左右才回到雅典，創辦學園。此後四十年左右，柏拉圖一邊教書、一邊從事哲學著述，一生（享年八十一歲左右）一共撰寫了三十幾本著作。

柏拉圖的哲學博大精深，涉及層面很廣，主要有以下幾個方面。

《理想國》是柏拉圖的代表性著作，是西方關於「**烏托邦**」思想最早的完整表述。在他的心目中，一個最理想的國家，所有的物質財富（譬如土地）都應該屬於公有，而國家的權力應該是掌握在那些最聰明、最優秀的人手中（也就是統治階層、管理階層），這些「最聰明、最優秀的人」不是世襲，也不是經由投票

烏托邦——「烏」是「沒有」，「托邦」是「地方」，就字面上看，「烏托邦」就是「沒有的地方」、「空想的國家」，後來延伸為「好地方」、「理想的國家」。

所產生，而應該是根據一定的原則挑選出來，所有的人（不分男女）都應該有機會展示自己的才能。無怪乎很多後世學者都說，柏拉圖很可能是世界上第一個強調男女平等的哲學家。

為了保證機會均等，柏拉圖認為國家應該讓所有的兒童接受教育，至於教育的內容，首先應該接受體能訓練，但不應忽視音樂、數學及其他學科，然後在不同階段進行廣泛的考試，最後讓那些考試成績一般的學生從事社會經濟活動，而成績優秀者則繼續深造，深造的內容除了正規的學術課程，還應包括哲學。

等學習到了三十五歲，真正傑出者還要再繼續接受十五年的補充訓練，使他們得到實際工作經驗，方能進入管理階層。而既有的管理階層，也應該允許這些能力和資格都符合要求，且對公眾事務具有一定興趣的人加入他們的行列。

柏拉圖是西方觀念論哲學之祖，他認為所謂真實的世界就是「存在」的世界，是一個觀念的或永恆的、理想形式的世界，所有物質世界的事物和現象，都不過是對真實世界不完全且暫時性的模仿。

另一個跟他有關的概念：「柏拉圖式的愛」，意思是說基於生理和體能的美是不足恃的，因為在這些方面每個人都有、都是一樣的，唯有靈魂的美才最彌足珍貴，因此特別強調靈魂契合的重要。

亞里斯多德

蘇格拉底和柏拉圖都是雅典人，亞里斯多德（西元前三八四～前三二二年）則是出生於希臘北部馬其頓的色雷斯，父親是馬其頓國王的御醫，所以或許是受到父親的影響，亞里斯多德對生物學和實證科學都很有興趣。

十七歲那年，亞里斯多德來到雅典，進入柏拉圖的學園就讀，跟著時年六十歲左右的柏拉圖學習。在柏拉圖的啟發之下，亞里斯多德也開始對哲學推理產生了濃厚的興趣。亞里斯多德的成長和求學經歷，直接為他日後成為一位了不起的、百科全書式的學者，奠定了良好的基礎。

柏拉圖去世後五年，四十二歲的亞里斯多德回到了馬其頓，受聘為年僅十四歲的王子亞歷山大的老師。等到亞歷山大在二十歲登基以後，亞里斯多德便回到雅典，開設了自己的學校。由於他經常在清晨時分，帶著弟子們在競技場中漫步講學，所以後世就把亞里斯多德所創立的學派稱為「逍遙學派」。

西元前三二三年，亞歷山大大帝過世，反馬其頓者占領了雅典，亞里斯多德被起訴，表面上的理由是因為他「不信神」，其實是因為他被認為與亞歷山大大帝的關係不一般，因此不見容於當局。事實上，在亞里斯多德旅居雅典的十二年期間，亞歷山大大帝確實給老師提供了大量的資金援助，支持老師做科學研究，有學者說這大概是有史以來第一次，有科學家接受國家的資助來從事學術研究。

面對極為不利的情勢，亞里斯多德不願像七十幾年前的蘇格拉底那樣赴死，所以，他逃走了。翌年，他死在流亡途中，享年六十二歲。

亞里斯多德對世界的貢獻之大，簡直是難以估量，不僅著作數量很多（至少有一百七十種），涉及的領域更是廣泛到令人震驚，包括天文學、動物學、胚胎學、地理學、地質學、物理學、生理學、解剖學、神學、政治學、美學、教育學、修辭學、文學等等，可以說涵蓋了古希臘人已知的所有學科。而在哲學方面，他所探討的主題也包含了道德、心理學、形而上學（就是對所謂「存在」的研究），非常全面。總之，亞里斯多德可說是世界古代史上最偉大的哲學家和科學家，他的學問是如此淵博又深不可測，被後世稱為「百科全書式的學者」，真是一點也不誇張。

隨著科學的日新月異，以今日的眼光來看，固然亞里斯多德的許多研究成果都已經過時了，然而不管他是針對哪一個領域所做的研究，「邏輯思維」的方式始終一以貫之，這種理性思維，以及反傳統、反對迷信與神秘主義的主張，都對西方文化產生了深遠的影響。同時，他還創立了形式邏輯學，更是豐富和發展了有關哲學的分支學科，也是一大建樹。

文藝復興三傑之一，拉菲爾的〈雅典學院〉濕壁畫作，將不同時代的名人偉士繪於同一空間。

總合這三大家的理念，簡單來說，蘇格拉底希望能夠從自己所生存的現實世界來追究人生的目的；柏拉圖否認現象世界的價值，嚮往一種理想世界的完美形式；亞里斯多德則承認現象世界的真實，而以客觀的態度來認識這個當時人們所看到的世界。以上，就是這三位傑出哲學家的學術成就，在本質上的區別。

3 其他希臘文化：戲劇、史學、建築與雕刻

希臘文化的內涵豐富多彩。關於宗教與文學，在卷一《世界史的序幕》中都已經介紹過，關於哲學，也已經花了相當的篇幅來講述，接下來就讓我們來了解一下，在宗教、文學和哲學以外的其他希臘文化。

戲劇

希臘人在戲劇方面有很大的成就。每年在五月以後，糧食就已收成完畢，而

葡萄和橄欖則要等到十月和十一月才會成熟，這段長達五個多月的農閒時期，在當局倡導之下，人們有很多時間可以從事藝文活動（還會舉行競賽），戲劇就是他們很喜歡的活動之一。

而戲劇之中，相較於喜劇而言，希臘悲劇的成就更高。英文中「悲劇（tragedy）」這個字，就是源於希臘文裡頭的 tragoidia，本意是指「山羊歌」，這是因為在比賽中獲得優勝的作品，會被獎以山羊，做為鼓勵。

希臘人對「悲劇」的定義，是著重在描寫主人翁與命運、社會、法律和習俗發生衝突時的無能為力，最終只能以悲劇的結尾來收場。

古希臘最著名的悲劇作家有三位，都是雅典人，他們的名字以及代表作品分別是：

艾斯奇勒斯

艾斯奇勒斯（西元前五二五～前四五六年），代表作是《奧勒斯提亞》三部曲和《普羅米修斯》。前者的故事背景是特洛伊戰爭，是關於希臘聯軍統帥阿格曼儂及其家人的故事，包括阿格曼儂在進軍時因為受阻於月神的風浪，不得不以愛女獻祭，戰爭結束後阿格曼儂返鄉，遭到妻子和她情人的謀殺，之後他的兒女又為他報仇。後者則是講述普羅米修斯由於為人類偷了天火以及教給人類知識而被懲罰，宙斯用鏈條把普羅米修斯綁在高加索山的山頂上，讓鷹每天都來吃普羅米修斯的肝臟，可是到了夜間肝臟又會重新長出，就這樣如此日復一日的處罰他。

●索福克里斯

索福克里斯（西元前四九五～前四〇五年），代表作是《伊底帕斯》和《安提戈涅》。前者是講述主人翁伊底帕斯在甫出生時即被預言，他日後將會弒父娶母，因此遭到遺棄。但大難不死的他，長大以後在不知情的狀況之下，先是殺了父親，然後因為解開了獅身人面獸的謎語，連帶拯救了王國，成為新王，並娶了新寡的王后，還生了四個小孩，殊不知那位王后就是他的母親。後來伊底帕斯在發現真相之後，深感罪孽深重，遂命兩個兒子相繼為王，然後自己挖掉眼睛而出走。後者的故事可說是《伊底帕斯》的延續，主人翁安提戈涅是伊底帕斯的女兒，講述在伊底帕斯的兒子繼位之後，王國發生了內戰，伊底帕斯的兩個兒子都戰死了，他們的叔叔底比斯王克里昂竟然禁止把兄弟倆安葬。後來安提戈涅悄悄

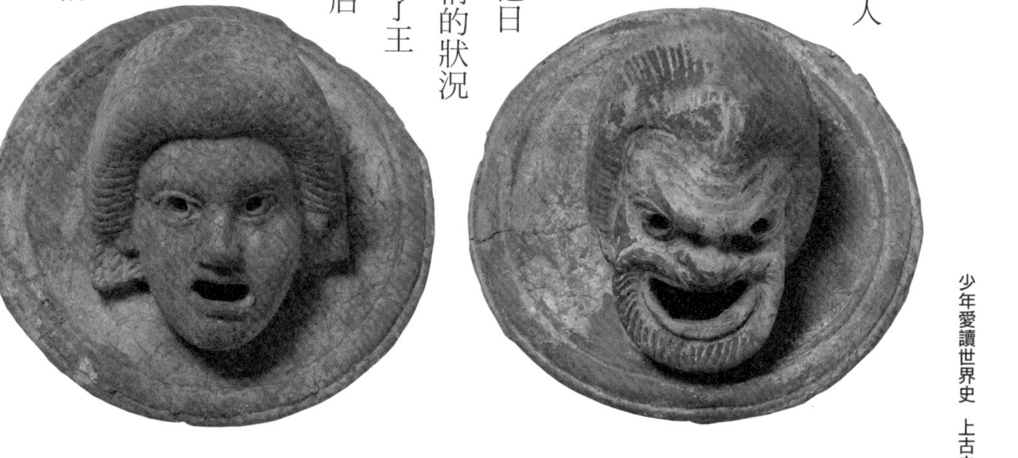

希臘戲劇面具，是古希臘戲劇中最具特色的象徵之一。

埋葬了一個兄弟，被克里昂發現，大為震怒，便把安提戈涅囚禁在石墓之中，儘管她的未婚夫（正是克里昂的兒子）趕來相救，卻晚了一步，安提戈涅已自縊而死，她的未婚夫見狀，悲痛之餘也跟著自殺殉情。不久，克里昂的妻子也隨之自殺。這個結局，就是因為克里昂的偏執，以及過分的自大與驕傲，最後害得自己家破人亡，只能獨自痛苦的活著。

優里皮底斯

優里皮底斯（西元前四八〇～前四〇六年），代表作是《赫苦布》。主人翁赫苦布原本是特洛伊的王后，育有子女十九人，包括赫克托、帕里斯等等（請參考卷一《世界史的序幕》中的特洛伊戰爭部分）。在特洛伊戰爭結束後，整個城的男人幾乎都死光了，婦女和兒童則淪為奴隸，赫苦布也被判歸希臘將軍奧德修斯為奴。赫苦布想要搶救幼子，曾火速把幼子送交給色雷斯的國王撫養，後來她在隨奧德修斯一行返航途徑色雷斯時，十分震驚的獲悉幼子竟然已被色雷斯國王所謀害，於是赫苦布便展開了復仇，後來不但把色雷斯國王的眼睛給弄瞎，還把國王的兩個兒子也殺了。

◆史學

希臘的史學也相當發達。接下來，介紹幾位著名的史學家。

●希羅多德

第一位著名的史學家，是被後世稱為「史學之父」的希羅多德（約西元前四八五～前四二五年），他出生在小亞細亞的希臘城邦，當時那兒是在波斯的控制之下。後來一方面源於希羅多德的個人經歷，另一方面由於他對各地的風土人情非常感興趣，一生的足跡遍布波斯帝國、中東、北非、埃及、希臘、西西里、義大利等等，他一邊走、一邊看，還一邊用心採集各種傳說和資料，寫成了《歷史》一書。雖然其中是以波希戰爭為主要內容，但涵蓋面非常廣泛，堪稱是一部記述整個古代世界的通史。

我們在卷一《世界史的序幕》講到關於埃及的歷史時，曾經稍稍提到過希羅多德。多虧他在埃及的實地考察和記錄，後人才能了解木乃伊的詳細製作過程。

●修昔底德

另外一位重要的史學家，是出生在雅典的修昔底德（西元前四六〇～前四〇〇年）。他出身於貴族世家，成年以後不僅和雅典當權派關係密切，和色雷斯王室也頗有來往。在他三十歲時，雅典發生了嚴重的瘟疫，持續了一年左右，修昔底德雖然也遭病魔侵襲，不過最後倖免於難。在三十六歲那年，他當選了雅典的「十將軍」之一，當時伯羅奔尼撒戰爭已經爆發，他負責指揮部分雅典海軍防禦色雷斯。由於在一場戰爭中失利，導致一座城市被斯巴達拿下，修昔底德因此被放逐了二十年。

修昔底德的代表作為《伯羅奔尼撒戰史》。他力求精確和客觀，不僅是以非常嚴謹的標準來收集資料，更非常注重因果關係的分析，將歷史視為科學來研究，被稱為「歷史科學之父」。

波里比烏斯

希臘化時代的史學家，以波里比烏斯（約西元前二〇〇～前一一八年）最具代表性。他本是希臘人，自幼就受到良好的教育，喜歡騎馬和狩獵，在文學方面也頗有天賦。

還記得我們在前面談論希臘化時代時講到，在亞歷山大大帝過世後爆發了繼承者戰爭，而在這場繼承者戰爭結束前後，希臘城邦為了抵制馬其頓的統治和壓迫，又先後組成了「埃托利亞同盟」和「亞契安同盟」兩個聯盟嗎？波里比烏斯後來擔任了「亞契安聯盟」騎兵隊的司令官。

在三十三歲左右，波里比烏斯以一名政治犯的身分被送往羅馬。波里比烏斯頗為高壽，享年八十二歲左右，晚年成為了羅馬公民。

他的代表作也叫做《歷史》，主要是記述了羅馬共和的興起，並且成為世界級國家的經過。他還呼籲希臘人接受羅馬的統治，被視為是一位親羅馬的人物。

◆科學

古希臘人在科學，尤其是理論科學，已經有了相當傲人的成就。

譬如，在天文學方面，他們已經知道月亮會反射太陽的光，也知道如何預測日蝕和月蝕；他們的曆法在古典時代儘管各個城邦之間不盡相同，但大致上都是陰曆為每年三百五十四日，陽曆為三百六十五日；另外，為了配合季節，他們也會用閏月來調劑。

在數學方面，兩位同時也是重要的哲學家——泰利斯和畢達哥拉斯——在幾何學方面都卓有所成。

在醫學方面，亦是哲學家的希波克拉底被稱為「醫學之父」，據說現代西方的醫學科學體系就是從他開始的。希波克拉底醫術高超，認為任何疾病都必定有原因可循。他寫了超過七十部的醫書，希望把自己寶貴的經驗傳承下去。希波克拉底還非常強調醫德，據說他會命每一個學醫的人宣誓，至於宣誓的內容，一方面是對知識傳授者心懷感激，一方面也保證自己一定會盡心盡力設法解除病人的痛苦、使病人恢復健康，而且絕不會利用職業之便做什麼缺德的事等等。直到今天，所有學醫的人都還要宣讀這段誓言，儘管內容有些調整，但核心精神不變，同時這個誓言仍然被稱做「希波克拉底的誓言」。

進入希臘化時代之後，希臘在科學上迎來了非常輝煌的黃金時期，輝煌的程度僅次於西元十七世紀（十七世紀亦被譽為「天才的世紀」）。而希臘化時代的科學之所以會如此輝煌，主要有以下幾個因素：

一，當政者的支持。譬如之前亞歷山大大帝資助他的老師亞里斯多德，進行學術研究，所帶來的正面影響。

二，在東方和西方的文化交流中，希臘人習得了

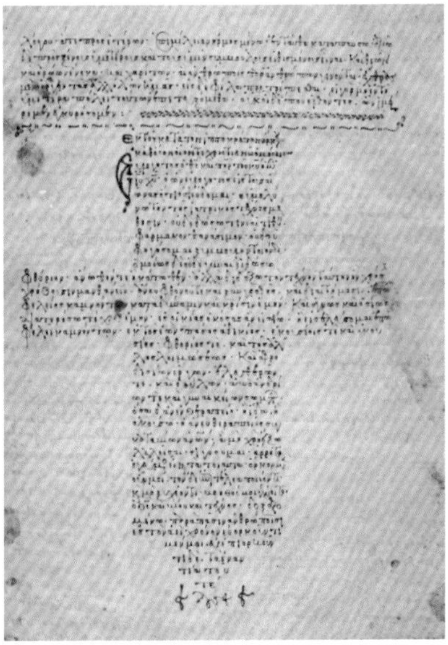

希波克拉底的誓言。此為12 世紀拜占庭手抄本。

埃及和兩河流域的人們在科學方面的知識，然後將所學發揚光大。

三，為了因應當時時代的需要，滿足人們對生活舒適的要求，或者需要解決一些像在建築上所碰到的實際的問題。

總之，在希臘化時代，無論是天文學、數學、地理學、物理學、醫學等等都有長足的進步，在這裡我們要特別介紹一位偉大的數學家歐基里德。

歐基里德在世時，地位並不顯赫，關於他一生的經歷，後世能夠了解的很少，甚至就連他的生卒年也不能確定，只知道他大約在西元前三〇〇年曾經在埃及當過教師，但他卻是影響了西方科學發展一名非常重要的人物。奠定歐基里德不朽歷史地位的，是他一本傳世著作《幾何原本》。

歐基里德用心收集了許多當時已經為人所知曉的定理，再用自己精準的判斷做出取捨，然後把這些定理做了非常系統化的整理，以及全面性的闡述，如果中間有些不足的部分，他也都做了適

拉斐爾《雅典學院》中描繪的歐基里德拿著圓規，俯身作畫。

當的補充。儘管《幾何原本》基本上講的是關於平面和立體幾何的發展，但也包含了大量的代數和數論（純粹數學的分支之一），主要研究整數的性質），被視為現代科學的基礎，自問世兩千多年以來，一直都是一本最權威的科學教科書。

不少學者都認為，中國古代科技其實是相當發達的，但是現代科學之所以是在西方產生，關鍵就在於中國古代沒有一位像歐基里德這樣的數學家。

因為數學是現代科學的基礎，許多優秀的西方科學家都潛心研究過歐基里德的《幾何原本》，並且也都紛紛從中深受啟發。中國是直到十七世紀後（明朝末年），著名的政治家和科學家徐光啟（西元一五六二～一六三三年）才把《幾何原本》譯成了中文。當時，徐光啟就是因為從傳教士利瑪竇（西元一五五二～一六一〇年）那兒，聽說古代希臘數學家歐基里德有一本拉丁文著作，影響歐洲深遠，所以特地請利瑪竇講解，然後再自己揣摩，慢慢的寫下來，前後花了一年的功夫。我們現在所熟悉的「點、線、面」這些數學名詞，就是徐光啟所定下來的。

◆──建築與雕刻

藝術活動，自然也是文化中很重要的一個層面，在這方面我們就僅介紹一下

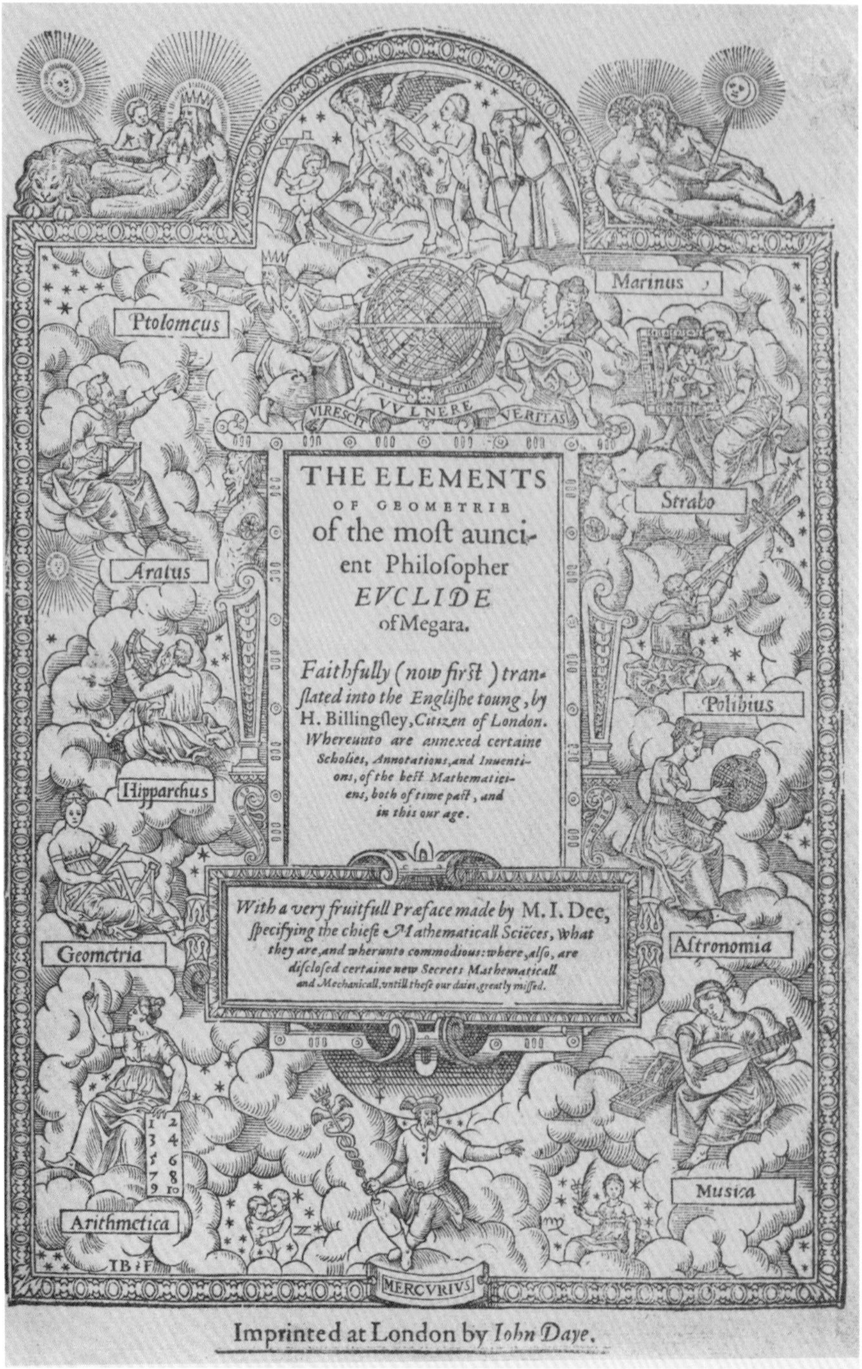

THE ELEMENTS
OF GEOMETRIE
of the most aunci-
ent Philosopher
EVCLIDE
of Megara.

Faithfully (now first) translated into the Englishe toung, by H. Billingsley, Citizen of London. Whereunto are annexed certaine Scholies, Annotations, and Inuentions, of the best Mathematiciens, both of time past, and in this our age.

With a very fruitfull Præface made by M. I. Dee, specifying the chiefe Mathematicall Sciēces, what they are, and wherunto commodious: where, also, are disclosed certaine new Secrets Mathematicall and Mechanicall, vntill these our daies, greatly missed.

Imprinted at London by Iohn Daye.

1570 年出版的首本英文版《幾何原本》。

希臘的建築和雕刻。

希臘建築的基本要素為圓柱和柱頂線盤（包括橫飾帶性質的腰線和它下面的框緣），以及傾斜的屋頂。圓柱有各種不同的規格和款式，一個個都有其不同的特色和風格。

希臘建築以殿廟最具代表性，主要的傑作都是在西元前四八〇至前三二三年，這一個半世紀之間所完成的。

而希臘的雕刻作品也很圓熟。早期似乎受到了埃及的影響，後來則自成風格，在西元前六〇〇至前五〇〇年這一個世紀中，因為權貴人士的積極提倡，湧現出頗多佳作。

從西元前五〇〇年以後，雕刻就漸漸多轉向用以裝飾公共建築，尤其是殿廟為主。很多雕刻作品，儘管在當時或許並沒有特別受到推崇，卻都對後來盛行的西歐藝術，產生了很大的影響。

希臘的演員雕像。當時因劇院龐大，演員的表演都較為誇張。

第四章　同一時期，中國文化、制度與科學的奠基

在西方，緊接著希臘文明之後登場的是羅馬文明。
不過，在講述西元前的羅馬文明之前，
讓我們先把時間往回撥，
看看與希臘文明同一時期的中國古典時代，
是如何建立起文化、制度、科學及第一個一統天下的帝國。

1 中國文化的奠基：春秋戰國

中國商朝的歷史一共五百多年，在此之前是夏朝以及三皇五帝的時代。中國歷史是從商朝後半期，才正式進入信史時代（就是說這段歷史能夠經由考古，找到當時的遺物，來和古老的文獻相互驗證）。商朝之後是周朝，周朝享國近八百年，前後又分為「西周」和「東周」兩個時期，而東周為期五百多年，按時間先後又分為「春秋」（西元前七七〇～前四七六年）和「戰國」（西元前四七五～前二二一年）兩個階段。

史學家之所以會將東周分為春秋、戰國，主要是因為這兩個時期的歷史在很多方面都有明顯的不同。現在就來扼要的說明一下。

政治

在政治方面，春秋時期儘管周王室已經式微，但大體還能維持著周王朝的封建制度，當時見於經傳的諸侯國有一百七十幾個，大家在名義上都還是承認周王室的共主地位。若干諸侯國雖然強橫，有的甚至會公然與周王室對立，可畢竟還沒有發生過取公室而代之這樣的事情。只不過由於周王室已無力主持秩序，唯有靠具有實權的霸主才能左右政局。

所謂「春秋五霸」，就是在春秋時期陸續出現的五位霸主（也就是五個諸侯國的國君）。至於是哪五霸？有兩種說法，第一種是「齊桓公、宋襄公、晉文公、秦穆公和楚莊王」，第二種是「齊桓公、晉文公、楚莊王、吳王闔閭和越王勾踐」。但無論是採取哪一種說法，第一位稱霸的都是齊桓公，而輔佐齊桓公完成霸業的，則是了不起的政治家和思想家管仲（約西元前七二三～前六四五年），他從三十八歲那年開始擔任齊國宰相，一做就是四十年，一直做到辭世為止，任內大興改革、富國強兵，終於使齊桓公成為春秋時代第一霸主。

春秋爭霸的尾聲是吳、越兩國之間的競爭。本來吳國占了上風，吳王夫差曾經於西元前五世紀末在會稽山打敗越王勾踐，但是後來越王勾踐在范蠡（西元前五三六～前四四八年）、文種等人輔佐之下，經過「十年生聚，十年教訓」，終於一舉滅了吳國，吳王夫差自殺。

春秋時代，不僅各個諸侯國「內部政局不穩」是常態，還經常發生內亂，諸侯國之間更是戰爭頻仍、征戰不休。就這樣經過兩百多年不斷的兼併，到了戰國時代初期，已經只剩下二十個左右的國家，小國都已經被消滅殆盡。

戰國時代，封建制度漸趨崩潰，周王室幾乎已徹底失去威信。而到中期以後，則形成了七個國家爭雄的局面，這七個國家分別是「齊、楚、秦、燕、韓、趙、魏」，史稱「戰國七雄」。

經濟

在經濟方面，春秋時代大體仍以農業為主，土地都為貴族所有，工人和商人都是少數，且大多都是專為貴族而服務。

到了戰國時代，由於各國貴族階級普遍都日趨沒落，土地逐漸轉移到了平民的手裡，工商業也成了自由職業，甚至在商人階級的興起之下，出現了很多富可敵國的商人，有時甚至能夠左右國家政治。衛國的巨富呂不韋，用重金和一連串的計謀，成功扶持一位秦國王室的落難公子坐上了秦王的寶座，完成一樁「擁君建國」的大買賣，就是一個典型的例子。

階級流動

在階級流動方面，春秋時代各國的政權仍然是被把持在貴族的手裡，普通老百姓很難出人頭地，但是到了戰國時代，一方面由於各國國君都加強了中央集權，另一方面整個貴族階級的權力卻在逐漸降低，已經不能再像過去那樣完全掌握政權，促使平民階級日漸抬頭，而產生所謂「布衣卿相」的現象（「布衣」就是指老百姓）。這些布衣卿相多半都是藉著遊說，也就是向國君闡述自己對政治的主張來出人頭地，如果能夠得到國君的認同，就得以向上層階級晉升，登上政治舞臺。

與春秋時代相較，戰國時代各國的掌權者更加積極爭取人才，不時會出現重用外國人的情況，譬如衛國人衛鞅（西元前三九〇～前三三八年），就是聽說秦孝公下令求賢，在三十一歲那年前往秦國發展，後來受到重用，並且因為變法有功，被封為「商君」，日後遂以「商鞅」之名在史冊中留名。「商鞅變法」是中國歷史上難得改革成功的例子，正是因為變法的成功，秦國才得以躋身於「戰國七雄」之一。

教育

在教育方面，在春秋時代大部分的時間中，教育仍是貴族的專利，平民沒有受教育的機會。但是後來由於封建制度的破壞，從春秋末年開始，學術就開始流入民間，普通老百姓也開始有機會受教育。

第一位把貴族學術引入民間的偉大學者便是孔子（西元前五五一～前四七九年）。孔子享年七十二歲，壽命和蘇格拉底差不多（蘇格拉底享年七十歲），不過他生活的時代比蘇格拉底要早了八十年左右。

孔子本名丘，字仲尼，是春秋時代魯國人。他兩歲喪父，少年時期又喪母，生活相當辛苦，但他從小聰敏好學，又很能幹，青年時期做過「委吏」和「乘田吏」等小官（負責管理倉庫和畜養之事），儘管這些工作本身不是那麼重要，又很繁瑣，但他都還是兢兢業業，做得很好。

他被稱為「孔子」的時候其實還很年輕，才十八歲。那年魯昭公召見他，在言談中稱他為「夫子」，從此，魯國上下就都尊稱他為「孔子」了。

孔子的一生，在政治上是失意的，但是在學術和教育上的貢獻卻非常巨大。特別是教育，只要想想時隔兩千多

孔子聖像圖。孔子被尊為「至聖先師」，他的誕辰紀念日也被定為「教師節」。

年，孔子仍然被我們尊稱為「至聖先師」，就足以說明他的地位。孔子秉持著「有教無類」的原則，不分階層、不分貧富，也不分年齡大小，凡是有心學習的人，只要帶著「束脩」（就是十塊不計大小的乾肉）就可以成為他的弟子，等於對普通老百姓廣開了教育大門。

到了戰國時代，平民受教育的機會、以及對政治有興趣的人都愈來愈多，再加上各國國君都在積極延攬人才，促進了學術思想空前的昌盛，這就是歷史上所謂「諸子蜂起，百家爭鳴」的盛況。

主流學派：道家、儒家、墨家與其他

道家

綜合春秋戰國來看，在諸子百家之中，最早出現的是老子（約西元前五七一～約前四七一年）。老子姓李，名叫耳，大約比孔子年長二十歲。他曾經出任周朝的史官，後來見周朝衰落、社會風氣不佳，便棄官歸隱。傳說老子在歸隱時，騎著青牛途經涵谷關，被守令關尹要求著書，這才有了傳世的《老子》。《老子》全書不過五千多言，分為《道》和《德》兩個部分，所以又被稱為《道德經》。

《老子》一書在西方也很受到推崇。歐洲從十九世紀初，就開始有學者研究《老子》，到了二十世紀的四、五〇年代，在歐洲關於《老子》的譯本就已經多達六十幾種，德國著名的哲學家黑格爾（西元一七七〇～一八三一年）和尼采（西元一八四四～一九〇〇年），都對《老子》做過研究。

老子也被視為是道家的創始人，而到了戰國時期，道家的代表人物則是莊子（約西元前三六九～前二八六年），所以後世均稱之為「老莊」。

幾千年來，道家講求「無為」，遵循「物極必反」、「禍福相依」的思想，深

老子騎牛像。老子的思想以「道」為核心，主張順其「自然」。

入人心，無論是在文學、藝術，特別是在哲學，都產生了深刻的影響，甚至已內化成為中華民族的民族性之一。

●儒家

不過，對中國後世影響最大的還是儒家，創始人是孔子。

孔子的政治理想是以「禮」為治，希望能夠達到「仁」的境界，也就是「克己復禮，天下歸仁」。

到了戰國時代，孔子已經奠定了其「聖人」的地位，而後儒家又有兩位代表性的人物繼起，這對於儒家的發展至關重要，這兩位傑出的學者就是孟子（約西元前三七二～前二八九年）和荀子（西元前三一三～前二三八年）。孟子被後世尊為「亞聖」，所以儒家中也就有了「孔孟學說」這樣的說法。

●墨家

主張「兼愛」的墨家，原本在各個學派中是組織最為嚴密的一個，創始人墨翟的生卒年不詳，後世只知道他是春秋末期戰國初年宋國人。墨翟學問淵博，雖然反儒，實際上仍是深受儒家的熏陶，而且墨子對於「有教無類」的教育宗旨，貫徹得更為徹底，這使得墨翟從戰國時代一直到漢朝初年，一直是位與孔子並稱的大師。

墨翟死後，墨家就再沒有出現過什麼代表性的人物，墨家便逐漸衰微了。

其他學派

根據後來漢朝人的分類，春秋戰國的學派主要有十個。除了道家、儒家和墨家，主張嚴刑峻罰的法家，影響力也不小（先前提過的商鞅，就是法家的代表性人物），此外還有提倡陰陽五行的陰陽家、擅長辯論的名家等等。

總之，春秋戰國時期的學術發達、百家爭鳴，不僅奠定了之後整個封建時代的文化基礎，對於中國古代文化更是有著非常深刻的影響。

2 第一個統一的封建王朝：秦朝

西元前二二一年，秦王嬴政一一滅掉了「戰國七雄」中的其他六國，完成了統一大業，結束長達五百多年春秋戰國時期的動蕩。這是發生在亞歷山大大帝過世大約一個世紀以後，當時的西方正處於希臘化時代。建立秦王朝的時候，嬴政三十九歲。

這可是中國歷史上一件石破天驚的大事，因為在此之前，所謂的「華夏」或是「中國」，都還只是一個比較籠統的概念，可是自從秦王嬴政統一天下之後，「中國」一詞就有了具體的意義，代表著一個龐大的帝國，擁有明確的人民及土地。儘管秦王朝的版圖僅限於中原地區，比起後來唐、元、明、清等王朝的版圖都要小得多，但是在歷史上的意義非比尋常，是一種劃時代的變革。

◆史上第一位「皇帝」

由於嬴政自認「德兼三皇，功過五帝」，便自定尊號為「皇帝」；而之所以稱為「始皇帝」，則是因為他深信自己所建立的這個中央集權的帝國，可以從他開始傳至「二世三世，至於萬世」，因此後世都稱他為「秦始皇」。

值得一提的是，「向東發展，征服六國」是秦始皇的祖輩長久以來的既定目標，而不是他一個人的念頭，因此應該說是經過了好幾任秦王持續的努力，這個目標最終才由雄才大略的秦始皇

秦始皇像。秦始皇首創「皇帝」尊號，使中國進入了中央集權的帝制時代。

所完成。

嬴政即位的時候年僅十三歲。儘管從客觀環境來說，當時秦國無論是在經濟、軍事或是地理位置上，都已經具備了統一六國的條件，然而由於政務全被母親趙太后和相國呂不韋所把持，少年嬴政知道自己羽翼未豐，還不宜輕舉妄動，只能先沉住氣。就這樣等了九年，一直等到自己年滿二十二歲、正式親政之後，他先花了一年多的時間來處理內政，陸續消滅了以嫪毐為首的后黨集團和呂不韋集團，然後才開始集中精力於統一大業。

他把軍政大權集於一身，一方面任用李斯、尉繚、王翦等人積極推動統一戰爭，另一方面也採納尉繚的建議，先不惜用重金，祕密拆散了六國的聯合，再各個擊破，完成了統一。

在花了十年的功夫終於統一天下以後，秦始皇遂以秦國制度為藍本，在政治、經濟、文化等各個領域，都展開一系列大刀闊斧的整頓和改革。

沒有李斯，就沒有秦始皇

我們必須要說，其實秦王朝的許多政策多半都是出自李斯（約西元前二八四～前二〇八年）之手。秦王朝建立的時候，六十三歲的李斯被任命為丞相，制定並執行了許多改革的政策，但後世之所以會把這些措施——不管是好的壞的——通通都算在秦始皇的頭上，就是因為在高度中央集權之下，畢竟皇帝才是最後做決定的人。

就拿秦始皇飽受後世嚴厲批判的「焚書坑儒」來說，最初也是因為在秦王朝建立八年後（西元前二一三年），因為有學者的政治主張與李斯不合，李斯認為儒生以私學批評當局，非常不應該，便請求秦始皇今後嚴禁議論政治，進而又建議乾脆下令燒掉民間一切帶有政治色彩的書籍，這麼一來，春秋戰國時期諸子百家，幾乎都被列入了應該要被焚燒的名單中，最後只剩下醫藥、占卜和種樹之類的書可以保留，想學習法令的則被告知可「以吏為師」。之前對儒生一直都還算禮遇的秦始皇，接受了李斯的建議，於是民間藏書遂遭到一場浩劫。

而在焚書之後第二年，又發生慘絕人寰的「坑

秦始皇下令焚書坑儒，以此箝制民間思想。

儒」事件，起因也是因為，有儒生批評秦始皇經常派遣很多方士到處尋找長生不老之藥的做法不當，秦始皇知道以後大怒，為了查出到底是誰膽敢批評自己，就把京城咸陽的儒生全部都抓來審問。這些儒生都不肯認罪，又相互指責，最後竟然多達近五百人受到牽連。在盛怒之下，秦始皇遂下令把他們全部活埋。

李斯是戰國末年楚國人，年輕時做過掌管文書的小吏，但後來因為不甘於現狀，遂去齊國求學，拜荀子為師。荀子雖然是儒家出身，但是在政治上卻比較接近法家的思想，研究的正是所謂的「帝王之術」。李斯學成之後，比較了一下當時各個諸侯國的現狀，認為東方六國的實力都很弱，而他自己的祖國楚國，國君也很平庸，他無意為之效力，因此毅然決定要往西去秦國求發展。

在為期十年的統一戰爭中，李斯的貢獻非常關鍵，秦王朝建立之後，貴為宰相的他更成了秦始皇的得力助手。在李斯協助之下，秦始皇首先把全國分為三十六郡，郡下再設縣，從此所有地方官都由中央任免，終結了過去諸侯分封政治的做法。儘管這在一定程度上，給整個社會帶來了一個安定的環境，但所有權力當然也就全部都集中在皇帝一個人身上，是實質上的中央集權。

◆— 一統天下之後，統一制度及建築長城

此外，秦始皇還確立了土地私有，統一了文字（就是「小篆」）、貨幣（一律採用圓形、中間開一個方孔，象徵「天圓地方」的錢幣）、法律和度量衡（「一斤相當於十六兩」等等），更修築通向全國的交通大道，稱為「馳道」（這是中國歷史上最早的「國道」，取其「備天子馳車走馬」之意），並從京師西北修建一條通往邊地的「直道」（相當於今天「高速公路」的概念），以及在西南方築了「五尺道」連接今天的四川、雲南、貴州，加強了對地方的控制。

再加上築長城、修皇陵、建宮室，以及防禦匈奴、南戍五嶺、撫定百越的連年用兵，經常役使的民力至少總在兩百萬左右，這占了當時全國總人口的百分之十！如此繁重的徭役，可想而知老百姓自然都是苦不堪言，所以才會誕生像「孟姜女哭倒長城」這樣的民間故事。

讓我們重點介紹一下長城。

長城是有史以來人類最偉大的建築物之一。只要一講到長城，大家通常都會立刻聯想到「萬里長城」這個詞，而且幾乎都會把它與秦始皇聯繫在一起，彷彿長城就是秦始皇所修建的，其實不然。

孟姜女哭倒長城。這個中國民間故事，最早可追溯至《左傳》。

在戰國時期不少諸侯國都已經有了長城，不過為的都是不同的目的，譬如魏國的長城縱貫黃河以西地區，是為了防止秦國的入侵，而地處邊陲的燕、趙、秦三國的長城，則是為了防禦匈奴、東胡等游牧民族的侵擾。

秦始皇在統一天下以後，一方面把內地大部分的長城拆除，另一方面則保留了邊境的長城，也就是說，後來的長城，是在戰國時代燕、趙、秦三國原有的基礎之上加以增修的。

長城修築工程從西元前二一三年展開，經過整整九年，一道西起臨洮、東至遼東，沿著陰山山脈，行經內蒙古草原，一直蜿蜒到大海的長城終於竣工。由於東西長達萬里，所以俗稱「萬里長城」。

有了前述那些造成民怨的政策，再加上秦始皇箝制思想、焚書坑儒等暴政，無怪乎後來在秦始皇去世當年（秦始皇享年五十歲），各地很快就爆發一連串大規模反秦起義事件，結果秦始皇本來信心滿滿能夠傳之萬世的秦王朝，僅僅十四年就滅亡了。然而，雖然秦始皇死了，秦朝也亡了，但秦朝所創立的中央集權制度，卻被之後的歷朝歷代持續採用，長達兩千一百年之久。

3 古代四大發明之首：指南針

中國古代有四大發明，分別是造紙術、印刷術、指南針和火藥。這些技術不僅推動了中國古代政治、經濟、文化等各方面發展，後來也都經由各種途徑傳至西方，進而對促進世界文明的發展，產生了很大影響。

值得特別注意的是，雖然在中華文化中，有很多事物本來就都喜歡用「四大」、「五大」來命名，譬如「四大名著」（按成書順序分別是《水滸傳》、《三國演義》、《西遊記》和《紅樓夢》）；「四大美人」（按年代先後分別是西施、王昭君、貂蟬和楊貴妃）；「四大名樓」（山西永濟鸛雀樓、江西南昌滕王閣、湖北武漢黃鶴樓和湖南岳陽的岳陽樓）；「四書五經」（「四書」是指《大學》、《中庸》、《論語》和《孟子》，「五經」是指《詩經》、《書經》、《禮記》、《易經》和《春秋》……）。但是「中國古代四大發明」這個概念，卻是源自西方學者，然後在中國、乃至全世界被廣為接受。提出這個概念的，是十九世紀英國的傳教士和著名的漢學家艾約瑟（西元一八二三～一九〇五年）。

在這「中國古代四大發明」中，由於一般都認為指南針的前身是「司南」，而根據古書的記載，司南的歷史可追溯至春秋戰國時代，因此，若以時間先後來看，指南針就是四大發明中最早被發明出來的。

所謂「司南」，是中國古代用來辨別方向的一種儀器，根據古籍記載，最早出現在戰國時期河北磁山一帶。近代考古學家猜測司南的模樣，很可能是先運用天然磁鐵礦石，雕琢成一個像勺子一樣的東西，再把這個「勺子」放在一個光滑的、刻著方位的盤子上，這樣就可以運用磁鐵指南的特性來辨別方向。可惜的是，到現在還並沒有挖掘到古代司南的實物。

不過，我們能確定的是，在春秋戰國時期，由於農業生產的興盛發達，採礦業和冶煉業也隨之有了長足的發展，整體社會的生產力有了很大的提升，人們就是從鐵礦石中認識了磁石。

這些發現都被記載了下來，譬如內容博大、可說是先秦時期各個學派言論總匯的《管子》一書（大約成書於戰國時代至秦漢時期），就明確記載「山上有磁石者，其下有金銅」；記述古代志怪的《山海經》（大約成書於戰國中後期到漢朝前期）也有類似的記載；《呂氏春秋》（成書於戰國末期）不僅有「慈招鐵，或引之也」的記載，還將磁石擬人化，認為「石是鐵的母親，但石有慈和不慈兩種，慈愛的石頭能吸引她的子女，不慈的石頭就不能吸引」。

據說秦始皇在統一天下之後，在咸陽附近修建阿房宮時，宮中有一座門就是

《山海經》中記載了許多珍奇異獸，以及涉及古代神話、地理、巫術等多領域的傳說故事。

用磁石做的，這樣如果有人暗藏兵器想要混進阿房宮，就會被這座特殊的磁石門給牢牢的吸住。

學者推測，春秋戰國時期的人們，應該是先發現了「磁石會吸引鐵」，然後才又發現磁石所具有的指向性。

一千多年以後，北宋著名的政治家和科學家沈括（西元一〇三一～一〇九五年）在《夢溪筆談》中記載了如何製作指南針。

《夢溪筆談》一書的內容，涉及中國古代自然科學、工藝技術和社會歷史現象，被前面所提到的那位英國學者李約瑟（西元一九〇〇～一九九五年）評價為是「中國科學史上的里程碑」，在國際上亦頗受重視。

總之，世界上公認指南針是中國所發明，而且指南針在北宋就已經開始運用於航海，當時是用細小的鋼針在磁石上磨擦，使鋼針帶有磁性，成為磁針。到了南宋，指南針經阿拉伯人傳入歐洲，成為近代航海中不可缺少的工具。

第五章　印度文明的古典時代

現在，讓我們將目光轉向世界另一個角落。
地處希臘世界及中華帝國之間的印度，
挺過了各方外族的入侵，
在屬於自己的古典時代——孔雀王朝、笈多王朝，
發展出第一個「幾乎統一」了印度的強盛政權，
並孕育出影響力遍布全球的佛教。

1 佛教的創立與傳播

接下來，我們要來介紹一下關於古典時代的印度文明。

印度史上的古典時代，是指孔雀王朝（約西元前三二四～約前一八七年）與笈多王朝（西元三二〇～五四〇年）時期，前後八百多年。

關於孔雀王朝，我們在卷一《世界史的序幕》講到印度古文明的時候曾經稍微提到過，在下一節梳理印度古典時代的歷史時還會再做一些說明，這一節我們要先講述關於佛教的創立。

在時間上，佛教的創立比起孔雀王朝、笈多王朝都還要早得多，約在西元前六世紀上半葉就創立了，創立者與孔子屬於同一時代，名叫喬達摩．悉達多（西元前五六三～前四八三年），不過世人應該對他的別號更為熟悉，那就是釋迦牟尼。

◆──釋迦牟尼從苦行、領悟到成佛

釋迦牟尼誕生的時間，距離今天已經超過了兩千五百年。他的父親是迦毗羅衛國的國王，出身相當顯貴。（迦毗羅衛國位於古印度東北部，與尼泊爾交界處。）

釋迦牟尼天資聰穎，性格仁厚。儘管貴為王子，從小在奢華的皇宮裡長大，但是他卻非常難得並不貪戀物質享受，反而注意到社會上有那麼多窮苦的人，為此深感不忍和不安。

同時，釋迦牟尼也發現，即使是那些富人，也不一定就能生活幸福。一個明顯的例子就是，財富並不能使這些富人免受病痛之苦，這麼一來他們的幸福感當然就會大大降低。釋迦牟尼愈來愈相信世間應該存在著一種永恆的東西，能夠超然於死亡之外，可是，這個永恆的東西到底是什麼呢？

長大後，在父母安排下，釋迦牟尼十七歲時與表妹結婚，二十九歲時做了父親（也有一說是十九歲），可是，也就是在這個時候，他毅然決然要放棄一切，包括妻兒、財產和王位繼承權，獨自離開王宮，開始過起身無分文、尋找真理的流浪生活。

釋迦牟尼先去求教於當時的幾位賢人，但是都沒有得到令他滿意的答案。接著，他決心要做一名苦行僧，因為當時有不少人都相信，出家苦行是通往真理的唯一道路。釋迦牟尼就這樣過起難以想像、清貧至極的生活，甚至經常連進食都免了。苦修了將近六年，直到他意識到這樣的方式並不能找到真理，這才又開始改變生活的方式，重新進食。這時，他已經三十五歲了。

不久之後的一天傍晚，釋迦牟尼坐在菩提樹下沉思，到了翌日黎明到來之時，他確信自己已經終於找到了渴盼許久的真理，徹悟成佛，也就是「覺悟者」，佛教也就此誕生。

從此，釋迦牟尼就一直在印度北部傳教，長達四十五年。至他過世為止，釋迦牟尼已有弟子數千人。

佛教的傳播之路

不過，在釋迦牟尼死後一段時間裡，佛教傳播得很慢，直到西元前三世紀中葉，孔雀王朝的阿育王（西元前三〇三～前二三二年）皈依佛教之後，佛教才開始迅速發展。

我們在卷一《世界史的序幕》中講到古印度歷史時，曾經說過孔雀王朝是印度歷史上第一個幅員廣大的統一帝國。而阿育王是孔雀王朝第三代國王，他的祖父旃陀羅笈多是一位非常傑出的軍事統帥。阿育王在年紀輕輕即位以後，一開始也是效法祖父的做法，透過軍事手段不斷的開疆拓土，事實上他所統治的時期，確實也是古印度史上空前強盛的時代。然而後來經過十餘年的征戰，在一次戰爭中，阿育王雖然取得了勝利，但是當他親眼看到十幾萬人死於戰火之中，傷者更是不計其數時，他猛然意識到，自己的勝利竟然需要這麼多人付出如此悲慘的代價，大感震驚，同時也非常難過與懊悔，立刻決定要放下屠刀、不再動武，並宣稱「征服不應該靠戰爭，應該靠佛法」，從此阿育王不僅把佛教教義做為自己個人人生的指引，也把佛教教義做為治國的原則，佛教儼然成了國教。

為了積極普及佛教，阿育王一方面召集佛教僧侶整理佛教經典，另一方面也任命官員勤於向人民宣講教義，如此多管齊下，印度境內的佛教徒數量，有了驚人成長。此外，阿育王還非常熱心的經常派僧侶到附近鄰國去傳教。

阿育王命人把他的生平事跡刻在很多石柱和岩壁上，這些石柱和岩壁遍及整個帝國境內，有些留存至今，成了意義非凡的古蹟。

到阿育王過世的時候，佛教不僅已經傳遍了整個印度，還傳播到鄰國一些地區。他們傳教最成功的地區是錫蘭，再從錫蘭向東進入緬甸，進而傳播到東南亞國家。除了這條路線，佛教還向東北進入阿富汗和中亞地區，再由中亞傳入中國，然後由中國傳入日本和朝鮮。

在阿育王死後五十年，孔雀王朝滅亡，此後未再復興。可正是由於阿育王對傳播佛教所做出的種種努力，使他成為對整個世界都產生廣泛影響的人物，今天

印度鹿野苑裡的阿育王柱，為阿育王為紀念佛教豎立的一系列石柱之一。

佛教之所以能夠成為世界性的宗教，阿育王功不可沒。

佛教教義與特色

釋迦牟尼生前的言論並沒有文字記載，因此關於佛教的學說都是由弟子世代口授而流傳下來。

早期的佛教教義大致有以下這些要素：

眾生平等

還記得我們在卷一《世界史的序幕》中曾經提到過那個階級森嚴的印度種姓制度嗎？佛教與印度教最大的不同，便是不承認種姓制度的世襲社會階級，也就是不分種族，廣納所有的人。

八苦

人生有「八苦」：生、老、病、死、怨憎會、愛別離、求不得、五蘊盛。前面四苦應該很好理解，我們把後面四苦稍微解釋一下。

「怨憎會」與「愛別離」是相對的概念；「會」有「聚」的意思，「怨憎會」

就是說那些討厭的人偏偏總是如影隨形的在我們身旁聚集，反之「愛別離」是指那些與我們意氣相投、情感深厚的人，卻無法與我們永遠在一起，總是得面臨生離死別。

「求不得」是指想要的東西總是得不到，而且一般人的慾望總是太多、不懂得知足，因此始終很難心滿意足。最後，第一苦「生」固然是人生一切痛苦之源，人生來就是要受苦的，但前面七苦可以說又全是由「五蘊盛」而產生，所謂「五蘊」是指由五種「因緣和合」而生的苦，這五種因緣和合便是色、受、想、行、識五蘊，包括了我們的所思所想，以及所有的感受與感知。

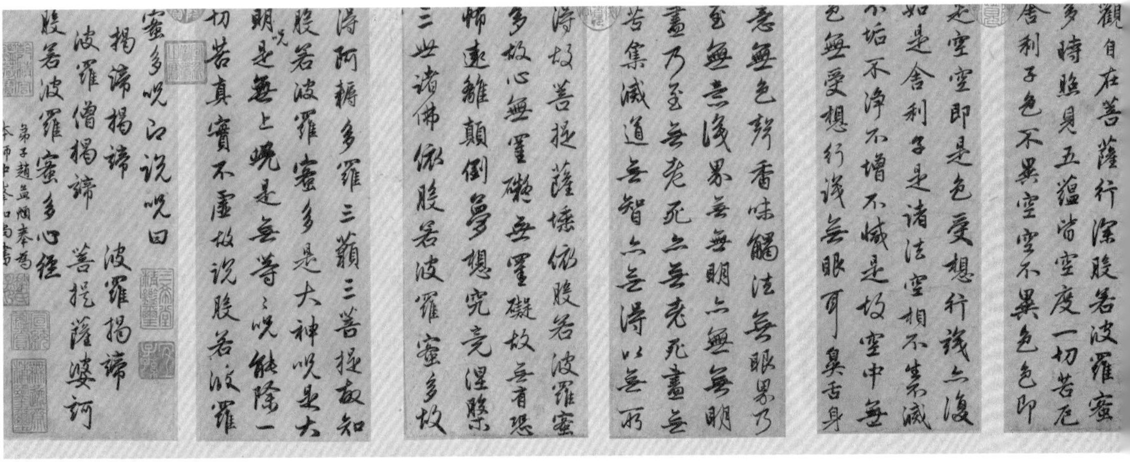

宋元書法家趙孟頫所抄寫的中文版〈般若波羅蜜多心經〉。

無常亦無我

宇宙本來就是不增不減、不生不滅的，世間的一切都只是現象的變化，也就是「無常亦無我」。

所謂「無常」就是「諸法無常」，世間的一切都是不停的變化、生滅不斷的，不可能有常住不變的個體；「無我」則是「諸法無我」，我們的肉體都只是五蘊假合的一個軀殼，沒有真實不變的「我」。

四諦

「四諦」，也就是「四個真理」：苦、集、滅、道，這是佛教的基本教義。

首先，我們要明白，每個人都必然要經歷生老病死，這就是「苦諦」；慾望是造成人生多苦的原因，這叫做「集諦」，「集」有「聚在一起」的意思，是指貪慾、嗔恨和愚癡這三種本能（所謂的「三毒火」），將會為人招致許多煩惱及痛苦，如果能夠從根本上斷絕一切的慾望，就可以達到不生不滅、自在無為的「涅槃」的境界，這就叫做「滅諦」（「滅」就是梵語「涅槃」的意譯）；最後，想要解脫人生苦惱的現象，達到最高理想的「涅槃」的境界，就必須長期修道，這就是「道諦」。

因果輪迴

佛教的教義博大精深，簡單來說，就是非常重視因果關係，主張藉著受苦受難而得到救贖，也堅信能夠靠著修行和走正道來擺脫因果的輪迴和痛苦，最終使得所有的慾望之火完全熄滅，進而使自我與無限合而為一，達到理想的涅槃的境界。

2 印度古典時代的歷史與文化

我們來梳理一下印度古典時代的歷史。

兩大王朝：從分裂、統一到再次分裂

大約從西元前一五〇〇年，亞利安人侵入印度之後，一直沒有建立過一個統一的國家。到了西元前五〇〇年左右，波斯帝國在印度河流域建立過一個行省，當時波斯帝國在位的君主是大流士一世。

這樣又過了一百多年，西元前三三一年，馬其頓國王亞歷山大大帝向東征服

波斯帝國之後，本來也有意要將印度收入版圖，在西元前三二七至前三二六年的時候，甚至都已經率軍翻越了興都庫什山脈，轉戰印度河流域，並征服了一些小國，其中就包括了西旁遮普。不過，亞歷山大大帝因為欣賞西旁遮普國王波洛斯的風範（即使戰敗也仍然維持著國君的尊嚴，並沒有哀哀求饒），反而主動把王國還給他，並且與西旁遮普王國約定成為盟邦。直到波洛斯國王辭世，都維持著這個盟約。

西元前三二三年，亞歷山大大帝過世之後，他一手建立起來的龐大帝國立刻瓦解，他的部將們為了爭奪主控權，展開了「繼承者戰爭」（這個我們在前面第三章裡講述過），這些部將各自占地為王，其中塞流卡斯取得波斯、美索不達米亞和敘利亞，建立塞流卡斯王朝時，也同時控制了印度西北部地區。

另一方面，在梳理印度歷史的時候，我們也不能忽略在亞歷山大大帝入侵印度之前，早在西元前六世紀左右，在恆河流域平原上的諸多小國之中，拘薩羅（現烏塔爾邦）和摩揭陀（現比哈爾邦）這兩個王國之間的征戰。最後競爭的結果是由摩揭陀王國獲勝，於是自西元前六世紀中葉以後，摩揭陀王國的分量一直都相當重要，而且這樣的情況還長達數世紀之久，可以說是為日後的孔雀王朝奠定了強盛的基礎。

因為摩揭陀王國的地理位置相當優越，既控制著恆河下游、同時也控制著恆河三角洲地區，資源非常豐富，包括森林裡林木茂盛，可供應數量龐大的木材；而且象群很多，部分可運用做為戰象；附近山林蘊藏的鐵礦也很充足，可充分發展技術；更不要說鄰近恆河的地利之便，可以大力發展沿河貿易以及東海岸的商業……，這些對於王國的發展來說，都是非常有利的條件。

儘管到了西元前三二六年，亞歷山大大帝渡過印度河，征服了印度西北部，使摩揭陀王國一度遭到嚴重打擊，但後來旃陀羅笈多還是取得了摩揭陀的王位，建立了孔雀王朝（約西元前三二四～約前一八七年）。這是古印度有史以來第一個大規模的帝國，也是第一個基本統一了印度的政權。

之前在與希臘軍隊的交鋒和接觸當中，旃陀羅笈多已經學習到不少希臘軍隊的作戰方式，因此得以建立相當精銳的部隊，後來也才能藉此打敗塞流卡斯，迫使塞流卡斯和他訂立了友好條約，把俾路支和阿富汗的一部分地區割讓給他，等於是掌控了印度北部的絕大部分。

到了旃陀羅笈多的孫子阿育王，王朝更為壯大，直到在阿育王決定放棄征戰、開始推廣佛法之前，他不僅統治了印度河西北地區，還征服了印度斯坦和德干高原絕大部分的地區，幾乎統有整個印度次大陸。這是印度有史以來第一次出現了統一——至少可以說是「幾乎統一」——的國家。

阿育王統治時期，是古印度史上空前強盛的時代，但在他過世之後，孔雀王朝就逐漸衰微，大約在西元前一八七年時覆滅，整個印度又回到之前那種小國林立的混亂局面。印度西北地區也再次被塞流卡斯王朝入侵，而且這回塞流卡斯王朝的軍隊不僅再度征服了旁遮普，還更進一步威脅到了印度中部。

將近半世紀以後（西元前一四〇年），安息人進入印度西北地區，打敗了塞流卡斯王朝的希臘人，占領了印度河下游地帶。

大約十年後，原來在中亞的塞西亞人，因為被大月氏人所驅逐，就像當年的亞歷山大大帝一樣，越過興都庫什山脈進入了旁遮普，後來就定居在印度西部的古札拉特，久而久之便漸漸與當地原住民融合而成為馬拉達人。

接下來，以西元元年為基準的前後各一個世紀，貴霜人崛起（他們原來是大月氏人的一支），不僅占領了旁遮普，還據有喀什米爾、印度河流域、恆河上游、阿富汗，以及中國西域的一部分，建立強大的貴霜王朝。

進入西元三世紀以後，貴霜王朝慢慢衰亡。到了西元四世紀，大約在西元三二〇年，以過去摩揭陀王國領土為基地的本土王朝繼之而起，這就是笈多王朝。笈多王朝在西元四世紀末、五世紀初的時候達到極盛，疆土從印度河一直到孟加拉灣，但因為並沒有真正統治文地亞山脈以南地區，所以基本上是屬於一個北印度的帝國。

文地亞山脈一直是印度南北兩部的分界，北部為亞利安人，屬於印歐語系，南部是各種說著德拉威語言的民族，以坦米爾人、泰盧固人和卡納賽人等等為主。

笈多王朝後來因為受到匈奴攻擊，國勢日益衰落，終於在西元六世紀中葉滅亡，享國兩百二十年。在笈多王朝滅亡以後，印度又歷史重演，再一次分裂成很多小國，彼此征戰不休。

印度古典時代的文化

印度古典時代的文化頗為發達，除了我們在卷一《世界史的序幕》中提到過的科學上的成就（包括數學、天文學和醫學），以及上一節所講述的佛教的興起之外，還有其他一些重要的成就，我們也應該了解一下。

宗教

在佛教之餘，印度的耆那教也很值得一提。這兩個宗教都主張眾生平等，都是對婆羅門教、也就是印度教，過於重視種姓制度所應運而生的改革運動。（關

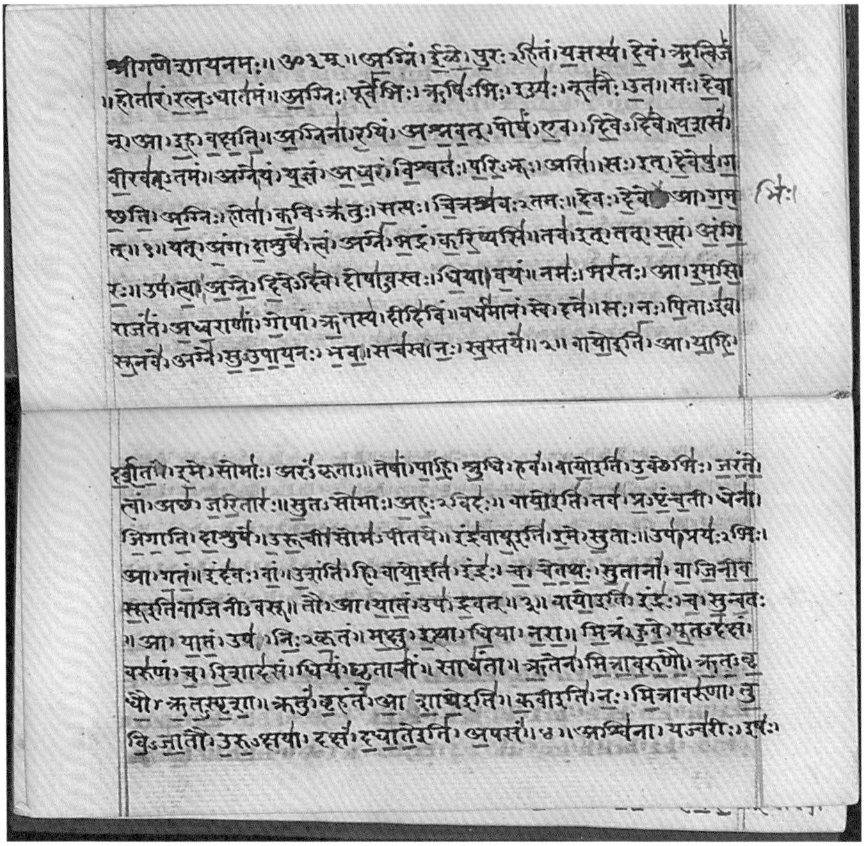

《吠陀》為婆羅門教和印度教重要經典，最早可源於西元前 2000 年。這是 19 世紀手抄本。

於印度的種姓制度，卷一《世界史的序幕》已經有所講述，這裡就不再贅述。）

耆那教的創立者為馬哈瓦拉（西元前五九九～前五二七年），主要的教義除了眾生平等、倡導誠實，也強調可以靠著苦修來得救。

耆那教嚴禁殺生，至於「殺生」的標準則極為嚴格，教徒們甚至不吃蔬菜的根部，為的是以免驚動那些在土壤裡微小的生物。不過，耆那教的教徒大多集中在印度的西部，而且沒能傳播到印度之外，所以就影響力而言，遠遠不能和佛教相比。

馬哈瓦拉一生中培育多名弟子，其中又以 11 門徒為代表。

文學與各類藝術

在此時期的文學作品大多都富有濃厚的宗教氣息，文學形式則以詩歌為代表。

在建築、雕刻和浮雕等方面，表現特別突出，雖然主題很多也都是與宗教有關，但可以明顯看出來自希臘的影響。代表作品包括位於孟買東方附近象島上的印度教石窟，裡頭有很多印度教的雕像，以及位於印度西中部阿哲達山的佛教石洞，裡頭有很多雕刻與壁畫等等。

經貿活動

關於經貿活動，印度的貿易（包括國際貿易）相當發達。

婦女地位的南北差異

婦女的地位在印度南部和北部有相當程度的不同。一般而言，在孔雀王朝以前，婦女比較受到尊重，也擁有比較多的自由，尤其是在南部，有相當多的女權社會的痕跡，譬如婦女可以擁有財產，還有些家庭的姓氏是源自女性等等，可是在北部就是明顯的父權社會，女性一定要服從父親、丈夫或是男性親族。

到了孔雀王朝以後，婦女所受到的約束開始愈來愈多，而且愈來愈偏重、在某種意義上來說同時也是被限定在家庭當中。

在笈多王朝後期，如果丈夫過世，寡婦被規定不可以再婚，有些地方甚至還有要求寡婦在丈夫的火葬堆上殉節這樣慘無人道的習俗。不過相對來看，仍然是南方對婦女抱持著比較寬容的態度。

第六章　古羅馬從王政到共和時期

若說古希臘世界是燦爛的，
那麼羅馬的古典時代更是如英雄傳奇般精采。

從一個無名的小城，到發展出自己的王國，
再經由政體的轉換，逐漸成為一個強盛的共和國，
不斷的壯大實力後，終於超越希臘，
建立了史上第一個統一環地中海的帝國強權。

1 從羅馬城到羅馬王國

現在，讓我們再回到西方。

只要一講到西方古典時代，大家都會很習慣的說「希臘羅馬」，希臘跟羅馬之所以會如此密不可分，主要是因為燦爛的希臘文明其實是由羅馬帝國所發揚光大。但如果精確一點來講，在西元前六世紀末，當希臘城邦開始步入古典時代之際，當時的羅馬還只是一個位於臺伯河畔小小的城邦，後來慢慢發展，直到西元前第三世紀上半葉，才開始接觸和吸收了希臘文明。

這一章中所要講述的重點分為兩個部分。一是關於羅馬共和時期。羅馬能夠從一個城邦發展到一個世界性的帝國，這段共和時期（西元前五〇九～三一年）至關重要。我們將介紹羅馬是如何掙脫外族君主的統治而獨立，又是如何發展出自己的一套法律和政治制度，進而不斷壯大實力並逐步擴張，終於統一了地中海。

接下來的第二部分，則會講述羅馬是如何和平過渡到帝國時代。

◆義大利半島的地理環境

首先，我們來認識一下義大利的地理環境。義大利的本土是一個多山的半島，看上去酷似一個長筒靴，俏皮的伸出於地中海中央，把地中海分為東西兩部；半島的北邊有阿爾卑斯山脈，而亞平寧山脈又活像是脊椎一樣，南北貫穿整個半島。

在半島北端，阿爾卑斯山脈和亞平寧山脈之間是一處寬廣肥沃的谷地，在古代被稱為「阿爾卑斯山南的高盧」，有一條波河流貫其間，並且向東一直流進亞得里亞海。在半島西方海岸的北側，大部分都屬於山岳，中部有若干小平原，平原上有亞諾河與臺伯河，向西分別注入利古里亞海和第勒尼安海。

拉丁平原是半島中部若干平原之一，其他還有好幾個平原。羅馬城便是建立在拉丁平原的臺伯河邊。

半島南部山勢繼續下降，有很多草原。

而在半島的西海岸之外，科西嘉島和薩丁尼亞島呈南北向直直的排列，從地圖上看來幾乎是連在一起，它們與半島之間則是第勒尼安海。科西嘉島相當荒涼，在歷史上經常成為海盜的藏身之所；薩丁尼亞島的情況則要好得多，不但土壤肥美，礦產也很豐富。

義大利的氣候除了山地比較冷、比較潮濕之外，大多都是屬於比較乾熱的天氣，但冬季則一般都是溫和而多雨。

關於義大利遠古的歷史，世人知道的不多，學者推測很可能是由於半島的四分之三都是山地，比較肥沃的地方又是朝向非洲與西班牙，而不是希臘與中東，所以在文化的萌芽上就比較晚。

羅馬人的民族組成

被通稱為「義大利人」的人們，從一開始就不是一個純粹的種族，與那些被通稱為「希臘人」的人們一樣，也是經過很多很多次融合，才結合而成的民族。

大約在新石器時代、進入西元前兩千年後不久，一支與希臘人相近、已經懂得使用青銅器的印歐人，開始從瑞士或多瑙河流域移入義大利半島，然後在西元前一千年前後已經南下遍布於半島各地，還進入了西西里島，並且與愛琴海的航海人民接觸，此時的他們已經知道如何來使用鐵器，進入史前時代的另一階段。

簡單來說，在羅馬建城之前，義大利半島南部已經有希臘人居住，北部有伊特拉斯坎人，居住在拉丁平原的則稱為拉丁人，而羅馬人就是出自拉丁人中的一支。

伊特拉斯坎人很可能是在西元前八世紀來自東方（學者推測應該是來自小亞細亞），還有一種說法指他們最早在西元前十三世紀，就從海上進入義大利半島，然後占據了臺伯河以北。他們與東方有商業往來，非常迷信，會以察看動物內臟的方式來做預言，還信仰一種崇拜惡神的宗教，喜歡觀賞殘忍的比武角力。伊特拉斯坎人在勢力最盛的時候曾經向東侵入波河流域，向南侵入拉丁平原和坎佩尼亞平原，大約在西元前七世紀初還占有了羅馬，並且延伸到義大利南部，同時也不忘在第勒尼安海的海域上擴張海權。

最重要的是，伊特拉斯坎人一方面因擅長青銅器和黃金器具的製造，與義大利半島南部的希臘城邦和迦太基都有商業關係（迦太基是腓尼基人在北非建立的殖民地），另一方面還曾與迦太基聯手遏阻了希臘殖民運動的西進，總之，是先於羅馬人之前與希臘文化有了接觸。在西元前四世紀至三世紀間，伊特拉斯坎人被羅馬人所降服，但是在文化上（包

伊特拉斯坎人的青銅製品。這是一座女性雕像。

括宗教、城市設計和土木工程等等）都對羅馬有頗為深遠的影響，也可以說希臘文化是藉由伊特拉斯坎人傳遞給了羅馬人。

如前所述，希臘城邦在義大利半島南部建立了殖民地，主要分布於從那不勒斯灣至塔蘭托灣之間的海岸，以及西西里島東部，因此這個區域在古代向來有「大希臘」之稱。可是希臘人受阻於伊特拉斯坎人，始終很難向北發展，海上則又受阻於迦太基人，因此，希臘文化其實是透過伊特拉斯坎人，

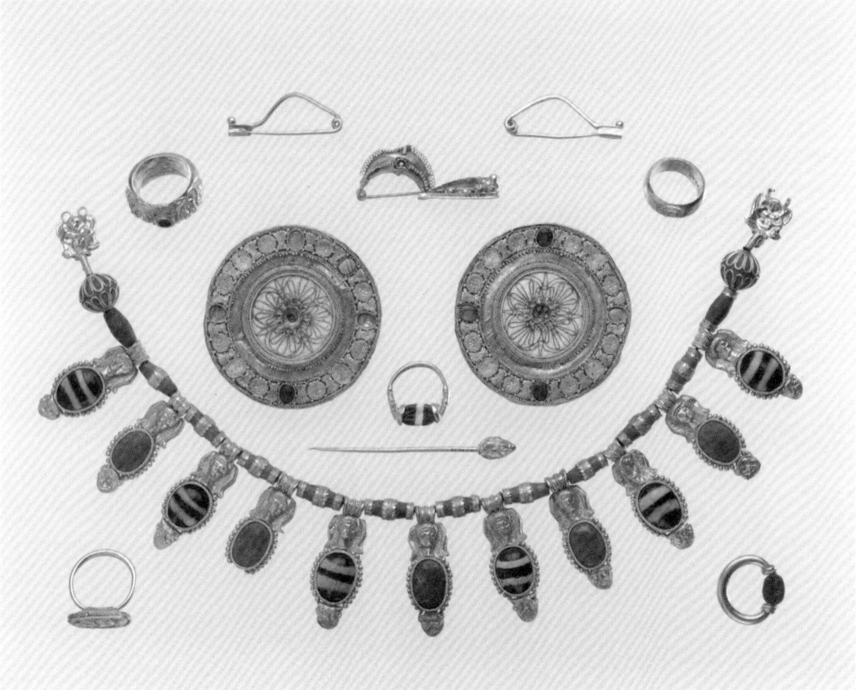

伊特拉斯坎人製作的珠寶金飾。

才得以與羅馬建立起聯繫，羅馬人從此深受希臘文明的熏陶，而這時的希臘已進入「希臘化時代」。

2 羅馬王政時期

今天的羅馬，是義大利的首都也是全國最大的城市，是國家的政治、經濟、交通和文化中心，也是世界最著名的旅遊勝地之一。羅馬做為一座歷史文化名城，是古羅馬帝國的發祥地，相傳建立於西元前七五三年，那麼距離今天就已經超過兩千七百年了。

◆羅馬建城的傳說

傳說在很久很久以前，有一對雙胞胎，名叫羅穆洛斯和瑞莫斯，是特洛伊城中一位名叫義尼阿斯的勇士的後裔。義尼阿斯是希臘神話中「愛與美的女神」阿芙蘿黛蒂（羅馬神話中稱「維納斯」）的兒子，在參加特洛伊戰後來到羅馬。由於受到宮廷鬥爭的牽連，羅穆洛斯和瑞莫斯兄弟倆在很年幼的時候就被扔到臺伯河畔，任他們自生自滅，但兩人大難不死，先是被一頭母狼哺乳，又被一個獵人好心收養，後來他們長大以後，在西元前八世紀中葉建立了羅馬城。

這個傳說在古代就深入人心，因為古羅馬的城徽圖案，就是「一頭母狼哺育兩個小嬰兒」的畫面。

在歷史上，西元前七五三年那個年代，正是伊特拉斯坎人和希臘人都積極在義大利半島擴張勢力的時候，於是位於拉丁平原的台伯河南岸幾個小丘之上，原來都是各自分立的鄰近村落，在危機意識被充分激發後遂團結起來，約定今後如果有事大家要互相保護，希望共同對抗當時對他們的生存最具威脅的伊特拉斯坎人，這就是羅馬城最初建城的原因。

王政時期的發展及結束

羅馬城建立以後，最初是實行王政，這種國家組織實際上其實就是家庭組織的擴大。家庭是羅馬的社會基礎，在家庭中的家長是父親，對於家人的生命和財產擁有絕對的權威，可以任意處置，子女即使是在成年以後也必須仍然完全服從父親的約束和支配。羅馬早期的宗教也是以

餵養羅穆洛斯和瑞莫斯兄弟的母狼。

家庭為中心，身為家長的父親就是家庭的祭司。而所謂的「王政」，就是說在名義上，國王身為全國最大的家長，擁有行政和司法的絕對權力。

立法的權力則屬於氏族大會，凡是達到兵役年齡的氏族男子都有資格參與氏族大會。氏族大會負責推選國王，賦予國王權力，且對於國王所提出來的立法案以及所有重大決定（譬如是否要發動戰爭），氏族大會都具有否決權。

氏族的長老還會組成一個重要的組織，叫做元老院。在羅馬歷史中，元老院從一開始就是一種保守的政治勢力，因為即使是已經被氏族大會認可的任何法條法規，元老院也還是有權干涉，甚至能夠以違背固有法律或風俗習慣等理由，予以否決。國王也是元老院的一員，是經由元老院的擁戴，再通過氏族大會的選舉而產生。

在這樣的行政組織之下，羅馬在王政時期，國家的權力實際上是被掌握在元老院的手裡。國王和元老院的統治都是一種家長式的統治。

羅馬的王政時期維持了大約兩個半世紀，至西元前五一〇年結束。最後的三位國王都是伊特拉斯坎人，這表示羅馬曾經被伊特拉斯坎人所征服，也就是在這三位伊特拉斯坎的國王任內，羅馬接受了近東和希臘的文化，無論是在經濟、文

19世紀畫家所繪的壁畫《西塞羅譴責喀提林》，背景即為元老院。

化或是宗教都發生了明顯的變化。上一段曾經提到，希臘文化是藉由伊特拉斯坎人傳遞給了羅馬人，這三位伊特拉斯坎國王的任期間，就是羅馬吸收希臘文化的重要階段，也是在這三位伊特拉斯坎國王的帶領之下，羅馬也成為當時所有拉丁城邦中實力最強的一個。

但是在王政時期，由於社會貧富差距愈來愈大，羅馬人逐漸分成貴族和平民兩個階級，且只有貴族才有氏族的組織，也就是說，只有貴族才有權參加氏族大會和元老院，國家的統治權被牢牢掌握在貴族的手裡。

據說，伊特拉斯坎國王為了與羅馬舊貴族階級抗衡，試著以一種「百人隊大會」想要搶走部分氏族大會的權力（百人隊大會以性質而言，類似於雅典的全民大會），但是因為國王是按照人民財產的多寡和武裝的能力，來區分兵種和百人隊，這麼一來，社會上的富人階級很輕易就掌控了百人隊大會。

大約在西元前五一〇年，相傳因為羅馬人不願意被伊特拉斯坎人所統治，又或者是由於羅馬的元老階級不願與國王支持的百人隊大會分享權力，最後貴族階級決定發動革命，推翻了最後一位伊特拉斯坎國王，塔爾奎國王因此遭到驅逐。

翌年，羅馬共和開始。

3 羅馬共和時期

發生在西元前五一〇至前五〇九年的革命，是羅馬貴族階級的一次勝利，他們在驅逐了伊特拉斯坎的塔爾奎國王之後，用選舉的方式推舉了兩位名為「執政官」的新元首，來共同治理國家，共享原本屬於國王的至尊權。從此羅馬就進入了共和政治，由兩位執政官取代國王的角色。

有一點很重要的特色是，過去在王政時期，國王的任期是終身的，但現在執政官的任期則只有一年。由於元老院的元老還是終身職，對於任期短暫的執政官來說，自然能產生很大的干預力量，可以說共和政治這樣的行政制度所帶來的變化之一，就是使元老院比過去更為強勢。

此外，儘管塔爾奎國王被驅逐，但因為擔心今後仍不時會遭到來自伊特拉斯坎人以及其他勢力的威脅，共和政治還規定，一旦國家發生了什麼緊急事故，譬如發生外患，執政官得依元老院的建議，任命一位「獨裁官」來負責處理危機。也就是說，在特殊時刻，兩位執政官必須把至尊權暫時交給這位獨裁官，由獨裁官來獨攬國家大政。獨裁官的任期比執政官更短，不得超過六個月，甚至如果在六個月之內緊急事故已經解決、國家危機已經消失，獨裁官的權力也將立刻被解除。

◆平民的勝利：確立護民官制度

在王政時期，平民已經有自己的會議，選舉自己的官吏，叫做「護民官」，不過這個制度並不被貴族階級所承認。

共和政治開始以後，平民眼看僅占十分之一人口的貴族幾乎把持了所有的權力，益發不滿，就比以往更加積極的爭取更多的權利，包括要求能同樣受到法律的保護、參政的權利、社會的平等以及呼籲國家要給予他們更多的照顧。特別是在共和初期，羅馬社會內部盛行土地兼併，許多小農的小片田地被貴族兼併之後，普遍都難以為生，更加強了他們爭取權利的決心。

可以說，整個共和體制從一開始就是平民與貴族之間的競爭，這成了羅馬共和政治這段歷史的主軸。平民的「籌碼」主要是來自於外在的環境，使得國家不能沒有他們。在最後一任伊特拉斯坎國王被驅逐之後，羅馬不僅仍然像之前一樣受到伊特拉斯坎人的威脅，在周邊原有的優勢也頓失，那些在半島中部的拉丁城邑自組了一個同盟，把羅馬排除在外，其他一些位於拉丁平原四周山地的義大利部落，又不時對羅馬展開襲擊。這些對於此時還不過只是一個小城，最多占據附近一些狹小領地的羅馬來說，都是不小的壓力，羅馬必須擁有充足的民兵（從共和時期開始，幾乎所有羅馬公民都必須從軍）。再加上平民不但在人數上要大大超過貴族，所擁有的財富也愈來愈多，這些外在和內部的因素，都迫使貴族階級不得不向平民做出妥協。

尤其是在西元前四九四年，也就是在最後一任伊特拉斯坎國王塔爾奎被驅逐的十六年後，平民為了抵制貴族階級，曾經一度撤離了羅馬，以「要另建新城」為要挾，結果貴族階級只得讓步，承認平民的護民官制度，這一年也就成了羅馬史上護民官制度正式建立的時間。

不過，即使現在平民有了法律上的保護者，他們當然仍嫌不足，畢竟此時的法律都還是一些不成文的習慣，如何解釋、如何實施，都還是由執法的官吏來決定，而官吏都是貴族。因此，為了不讓貴族階級任意曲解法律、做出各種不利於平民的解釋，平民極力要求以明文制頒法律，讓大家都有所遵循。

經過平民近半個世紀不斷的爭取，到了西元前四五一年，屬於平民階級的百人隊大會終於選舉了一個十人委員會，來取代執政官負責總攬國事，並且從事法律的制定。

十人委員會所制定的法律於西元前四五一至前四五〇年頒布，由於最初是書寫於十二塊銅表之上，便被稱之為《十二銅表法》。儘管內容也不過就是將當時一些現行習慣法寫定下來，譬如承認親權、承認貴族階級的特權，甚至承認債權人可以收人為奴，但從這個時候開始，所謂的法律終於能夠以明文的形式頒布，這本身仍然是一個重大的突破，也是對平民權利一種重大的保障。同時，《十二銅表法》也規定，凡是被官吏判處死刑者，有權向百人隊大會提出上訴。

與《十二銅表法》頒布同步的是，護民官的權責也擴大了許多。由平民所選出來的護民官，最初的基本職責是在保護平民，使平民不會受到來自貴族階級不當的侵害，後來在近半個世紀（西元前四五〇年）護民官得以進入元老院聽元老議事之後，護民官對於元老院和政府的一切措施擁有了否決權，包括徵服軍役和課稅等與平民切身相關的問題，都不再只是元老院和政府說了算，這使得平民的權益進一步獲得保障。

隔年，百人隊大會還通過一項立法，確定了一個目標，那就是——為他們爭取權益的護民官，人身安全是受到充分的保障。

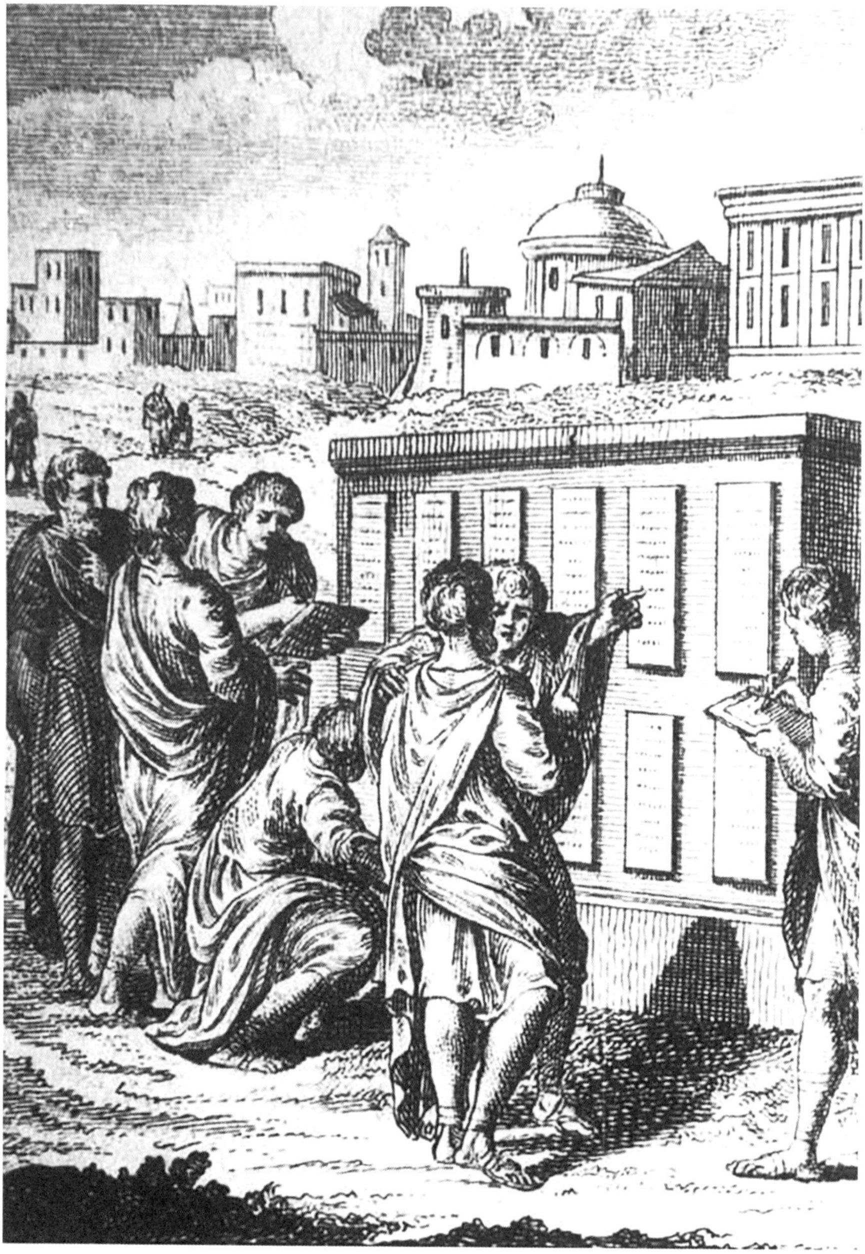

史上第一部成文法《十二銅表法》。

新的民意組織：部族大會

當年三位伊特拉斯坎國王為了與羅馬舊貴族階級抗衡，除了依照軍事的方式組織羅馬人為百人隊，因而有百人隊大會的產生之外，還曾經依照地域的區劃，將羅馬公民不分貧富貴賤的分立為部族。

在西元前四九四年以後，也就是在平民以撤離羅馬城做為威脅，然後迫使貴族階級承認了他們的護民官制度以後，平民由於每年都要選舉護民官，需要繼續保持平民會議的組織，而這樣的集會正是以部族做為基礎，遂由此又催生了一個嶄新的民意組織──部族大會。

與王政時期的氏族大會和百人隊大會相比，誕生於共和時期的部族大會，顯然具備較為鮮明的民主色彩，因為部族大會是以按照地域區分的部族為基礎，對於出席的公民一視同仁，不因貧富貴賤而有差別待遇。

但是因為護民官無權命令貴族，所以凡是由護民官所召集主持的部族大會，理論上只有平民參與，因此也被稱為平民會議；而那些由執政官或其他高級官吏所召集主持的部族大會，參與的則是全體公民。在平民會議中所產生的決議被稱為「平民表決」，以此來與那些由部族大會所制定的法律做出區別。

在西元前第四世紀末和前第三世紀初，羅馬有兩次重要的立法，使得部族大會成為國家主要的立法機構。第一次是《普帛列立阿法》（西元前三三八年），廢止元老院對民會立法的認可權，規定凡是平民表決、事後又經過元老院認可者，就具有與法律相等的效力。第二次是《霍騰西阿法》（西元前二八七年），乾脆撤銷了元老院對平民表決的認可權，從這個時候開始，部族中的平民無論是參與哪一種形式的部族大會，都能擁有完全的立法權，法理上都再也不受元老院的干涉。百人隊大會過去的立法權力，此後也大部分都被部族大會剝奪了。

平民地位大幅提升

在《霍騰西阿法》之後，貴族與平民這兩個階級可以說已經完全平等。平民可擔任執政，而且部族大會的決議對元老院和羅馬人民也都具有約束力，就算政權仍不脫寡頭政體，並未真正的民主，但至少已是相當自由化的寡頭政體。

與此同時，國家的重要官職也開始開放給平民。譬如在西元前四二一年，平民獲得擔任「執政官」的權利；西元前三六七年，首位平民當選為執政官；西元前三四二年，確立兩位執政官中必須有一位是平民的規定；到了西元前三〇〇年，平民也獲得了擔任國家最高宗教職務之權……。

回顧羅馬的共和政治，在西元前四世紀中葉以前，雖然平民還很難進入元老院成為元老，但在同一個世紀，國家所有重要官職都已先後開放給平民，而在西元前第四世紀即將結束時，經由一次平民表決的要求，平民加入元老院的人數愈來愈多。總之，經過長達兩百多年的努力，平民終於獲得了與貴族階級完全平等的政治和法律地位，過去王政時期傳統的階級界限也就愈來愈模糊了。

在本書前半講到關於希臘城邦的演進時，我們曾經說過，雅典與斯巴達在政治體制上是兩個極端，前者開明，後者嚴酷。後世學者認為，正是由於羅馬在共和政治的演進中，沒有發生內亂、沒有發生流血事件，才能夠克服內部矛盾，消除了以往貴族與平民的界限，使得他們能夠兼具雅典與斯巴達之長，進而一步一步發展成世界性的帝國。

4 統一義大利半島之路

羅馬之所以能夠崛起，除了政治體制富有彈性之外，軍事組織亦是他們的主要憑藉。

前面我們已經說過，打從共和開始，就幾乎是所有的羅馬公民都必須從軍，役齡從二十七歲至六十五歲。羅馬軍隊的基本單位是「方陣」，早期每個方陣大約有八千名步兵，然後再進一步分為百人團，每一個百人團大約是一百個士兵。後來隨著羅馬作戰經驗的豐富，他們也調整了軍隊的結構，改以三千六百人所組成的「兵團」來取代原有的方陣，在兵團之中又細分為小隊，每個小隊大約是六十人或一百二十人。

遇到戰事發生時，執政官會對公民發出幾種不同的徵召令，有的是下達給有能力購置全套金屬盔甲的公民；有的是下達給有能力購買兩匹馬的公民，讓他們成為重騎兵；有的則是下達給比較貧窮的人，要求他們備戰等等。而在戰場上，裝備精良的士兵都在前面打頭陣，

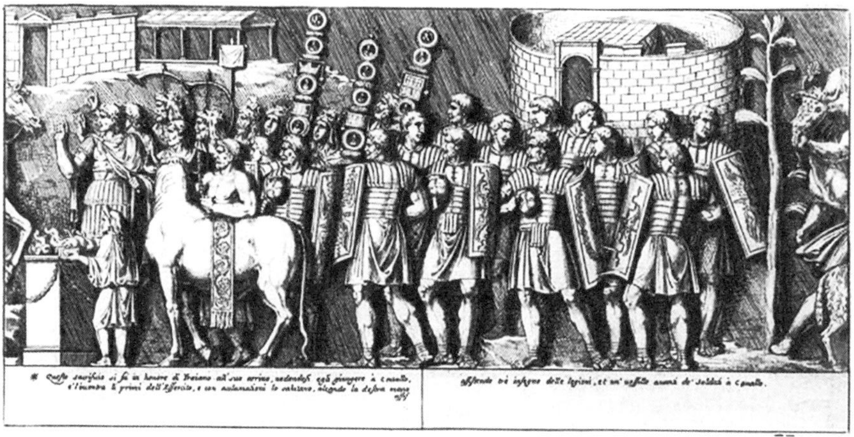

圖拉真柱上的羅馬軍團浮雕印，為紀念羅馬帝國皇帝圖拉真戰績而立。

裝備較差的士兵則殿後。

到了改採兵團的階段，羅馬除了保有過去方陣的傳統裝備，也就是盔甲與盾牌、長矛與利劍之外，又增加了一種新武器——鐵頭標槍，士兵持鐵頭標槍，便能夠在距離敵人還很遠的地方就奮力擲出，頗具殺傷力。

當然，羅馬軍隊主要還是靠著平時嚴格又有系統的訓練，再加上戰爭期間的賞罰分明，才會如此強大。

◆成立並稱霸拉丁同盟

在共和時期，隨著平民不斷爭取各種權利的同時，羅馬對外也不斷的克服種種挑戰。

共和初期，在把最後一位伊特拉斯坎國王塔爾奎趕走後，羅馬的首要之務，就是要盡快恢復原本在臨近幾個拉丁城邑中的優勢地位，把大家再度團結起來，這樣才能共同抵禦伊特拉斯坎人以及一些山地部族的侵擾。

西元前四九三年，在共和開始的十六年後，羅馬終於與各個拉丁城邑簽訂條約，組成拉丁同盟，大家奉羅馬為盟主。在接下來大約一個世紀中，羅馬與拉丁平原四周的人民經常有戰爭，主要的敵人是一個位於北方、與羅馬相距約十哩之遙，屬於伊特拉斯坎人的城邑，名叫維愛。羅馬與維愛之間的戰事持續了十幾年，到了西元前三九六年，羅馬征服了維愛，把維愛的土地和人民收入囊中。從這個時候開始，羅馬的實力已經遠超過拉丁同盟中的其他城邑。

在拿下維愛之後沒幾年，由於高盧人的進犯，使得羅馬一度陷入了危機。高盧人擅長冶鐵、武器精良，很難對付，甚至羅馬城還曾經遭到他們的搶劫和焚毀。不過，後來訓練有素的羅馬軍隊終於還是打敗了高盧人，高盧人從此定居在波河流域，這是他們從伊特拉斯坎人手中所奪得的領域，後世把這塊土地稱之為「阿爾卑斯山南的高盧」。

而拉丁同盟中的其他城邑，看羅馬居然吃了高盧人的敗仗時，都想要趁機脫離與羅馬的聯盟，可是羅馬在解決了高盧人的威脅之後，大約在西元前四世紀中葉，很快便重振雄風，迫使這些拉丁城邑只得一一重返拉丁同盟。

與此同時，羅馬還拿下原本屬於伊特拉斯坎人勢力範圍的南部之地，又征服拉丁平原南側屢次來犯的部落，並且因為馳援位於坎佩尼亞平原的卡普亞城，幫助卡普亞城對抗來自山地薩姆尼部落的攻擊，而展開了三次的「薩姆尼戰爭」。

◆羅馬共和國的首次擴張：薩姆尼戰爭

西元前三四三年，第一次薩姆尼戰爭爆發。這次的戰爭使得羅馬歷史進入一個新的階段。

關鍵在於戰爭的性質。之前羅馬雖然不時就有戰事，但多半都還是被動的「應戰」，比較屬於自衛的性質，然後隨著在戰場上的取勝，自然而然慢慢開拓了疆土。但是薩姆尼戰爭的性質卻比較屬於是為了擴張，帶著明顯的主動成分。

從西元前三四三年開始，一直到西元前二九〇年結束，前後半個世紀，薩姆尼戰爭一共發生了三次，伊特拉斯坎人、高盧人、拉丁城邑的人民等等都被捲入其中，而羅馬成了最後的大贏家。

第一次薩姆尼戰爭沒有勝負，不了了之；第二次薩姆尼戰爭結束後，那些伊特拉斯坎人的城邑都紛紛與羅馬締約結盟，成為羅馬實際上的附庸；第三次薩姆尼戰爭結束後六年（西元前二八四年），由於高盧人南侵，那些伊特拉斯坎人的城邑又起而反抗羅馬，但不到幾年便被羅馬平定，從此原本屬於伊特拉斯坎人勢力範圍的地域全部都歸於羅馬。

到這個時候，整個義大利只剩下半島南部的希臘城邦，也就是所謂的「大希臘」地區還沒有被羅馬掌握。接下來，隨著羅馬的向南推進，爆發了「皮洛斯戰爭」。

◆征戰大希臘地區：皮洛斯戰爭

這回「皮洛斯」不是一個部落的名稱，而是一個人名（西元前三一九～前二七二年），他是位於希臘西部、愛奧尼亞海上的城邦厄皮洛斯的國王。皮洛斯生於亞歷山大大帝過世之後的希臘化時代，年少時就很崇拜亞歷山大大帝，經常期許自己有朝一日也能做一個像亞歷山大大帝那樣軍功彪炳的大人物。

在義大利半島南部那些屬於大希臘地區的城邑中，塔蘭托最為重要，也一向以大希臘城邑的領袖自居。為了抵制羅馬南下，也希望阻止羅馬的勢力向愛奧尼亞海上擴張，塔蘭托特地向厄皮洛斯城邦求助，皮洛斯國王允諾，於是就有了「皮洛斯戰爭」。

這場戰爭斷斷續續歷時十餘年（西元前二八〇～前二七二年），期間皮洛斯雖然率軍兩度戰勝了羅馬軍隊，但是自己也損失慘重。所

皮洛斯的肖像。皮洛斯以他的軍事長才著名，是位有野心的國王。

以西方有句諺語，叫做「皮洛斯的勝利」，意思就是指「得不償失的勝利」。

後來，在西元前二七五年，羅馬人終於打敗了皮洛斯的軍隊，使皮洛斯決定退出義大利。三年之後，在皮洛斯國王過世的同一年，他留在大希臘地區的駐軍把塔蘭托城獻給羅馬，讓這場戰爭正式結束，大希臘地區也因此全被納入了羅馬的勢力範圍。

◆成功統一半島的因素

皮洛斯戰爭結束以後，羅馬已經掌控了義大利的絕大部分，總人口約為四百萬。

後世學者分析羅馬之所以能夠統一義大利，主要是基於以下幾個因素：

●穩健的內政及軍事實力

羅馬的內政穩定，政治制度也富有彈性，軍隊又是公民軍，而不是普通的傭兵，因此對國家的向心力特別強，況且平時羅馬對軍隊的訓練非常嚴格，上了戰場以後，國家一方面對於士兵的酬勞分配非常慷慨，另一方面懲罰也非常嚴酷。

●地理環境的優勢

羅馬本身擁有優越的地理條件，有山有河，亦有航運之便，進可攻退可守。

軍事屯墾

羅馬推行軍事屯墾，利用駐屯軍隊就地耕種土地，這形同於武裝的農業擴張，更能夠把勝利扎根在各個征服的部落當中，歷久不衰。

對被征服的外族人民實施彈性統治

對待那些被他們征服的人民，羅馬所採取的做法非常彈性，一如他們的政治體制。他們把這些人民分為二等，一種是被直接併入羅馬，成為國家的一分子，享有完全的羅馬公民的權利；另一種則是被給予**與邦**人民的地位，享有部分羅馬公民的權利。

總之，在共和初期的兩百年左右，是羅馬共和政治獲得極大成功的一段重要時期。在這段時期之內，羅馬不僅完成了共和制度的建設，在向外征服時，也讓這些與邦保持內部的自治，形成一種類似「聯邦」的制度。羅馬就以這樣的制度統一了義大利。

與邦——與邦與羅馬是屬於從屬性質，與邦人民所謂「享有部分羅馬公民的權利」，包括不能參加羅馬民會的選舉和表決，不能擔任國家的公職等等。各個與邦和羅馬之間權利義務的關係，則是因條約而異，基本上在有需要的時候，與邦有協助羅馬作戰的義務，同時在外交上也有接受羅馬節制的義務。

5 向外擴張，統一地中海

羅馬統一義大利半島之後，當下地中海的形勢是這樣的：東邊是雖然在文化上具有統一性，彼此之間卻征戰不休的希臘化諸國，西邊則為迦太基。

前面我們曾經提到過，迦太基是腓尼基人於西元前九世紀所建立的殖民地，「迦太基」這個名字就是源自腓尼基文「新城」之意。迦太基在西元前六世紀時成為海權國家，西地中海簡直就成了迦太基的「內湖」。

原本迦太基與內陸國家羅馬並沒有什麼衝突，甚至當羅馬在進行皮洛斯戰爭時，迦太基和埃及一樣還都曾派遣使者向羅馬示好（由此也可見羅馬當時在地中海世界已經是舉足輕重）。可是在皮洛斯戰爭結束，羅馬把塔蘭托、那不勒斯等海灣及港口納入自己的勢力範圍之內後，迦太基與羅馬之間的衝突就難以避免了，於是「布匿戰爭」隨之爆發。

之所以叫做「布匿戰爭」，是因為羅馬人把迦太基人稱為「布匿」，其實也就是「腓尼基人」的意思。

◆──地中海爭奪戰：三次布匿戰爭

布匿戰爭斷斷續續一共有三次，從西元前二六四年開始，一直到西元前一四六年結束，前後超過一個世紀之久。最終結果是，迦太基國破人亡，羅馬則成功占據了地中海西部。

第一次布匿戰爭歷時二十三年（西元前二六四～前二四一年），是因迦太基人在西西里占領了與義大利本土僅僅一水之隔的墨西拿城，促使羅馬出兵干預而起。由於主要戰場是在西西里，羅馬為此專門建立了一支大型的海軍艦隊，可是海戰對於羅馬來說是一個新的嘗試，之前他們在這方面並沒有什麼經驗。

在開打的九年後，以及在戰爭結束的八年前，羅馬海軍兩度因為遭到風暴或是敗績，幾乎全軍覆沒，可是儘管當時國庫空虛，羅馬還是靠著強迫捐獻，很快的便重新組建了一支新的艦隊。

西元前二四一年，羅馬海軍終於在西西里西方海面擊潰了迦太基的海軍，使得迦太基喪失了海上的控制權。同年，迦太基接受了羅馬的條件與羅馬談和，不僅從此放棄對於西西里的任何領土權利的要求，還必須在十年之內給付羅馬一筆巨額賠款。

羅馬對於西西里的處置，則是將若干城邑給予與邦的地位，然後將大部分地區建為一個行省，設置一位總督施行絕對統治。所謂「行省」，意思就是說今後這些土地的資源和收益全部都歸於羅馬所有，這裡的人們也都是羅馬的臣民，因此自然要由羅馬派總督來治理。

這不止是羅馬在本土之外征服行動的開始，也是第一次在征服地建立行省、進行絕對統治，是羅馬向外擴張政策的一次重大改變，從此更直接與希臘文化有了接觸，意義非比尋常。

戰後沒幾年，羅馬又把科西嘉和薩丁尼亞兩座島嶼納入自己的勢力範圍。

戰爭期間，苦守西西里的迦太基英雄哈米爾卡，在戰後轉往西班牙積極經營，組織當地原住民加以訓練，圖謀再起。哈米爾卡的兒子，就是日後大名鼎鼎的漢尼拔（西元前二四七～前一八三年）。漢尼拔一生在軍事和外交上都有相當出色的表現，至今仍是許多軍事學家喜歡研究的對象。

第一次布匿戰爭結束的時候，漢尼拔年僅六歲，戰後他便隨著父親前往西班牙。他從小接受嚴格的軍事訓練，並且向父親許下將終身與羅馬勢不兩立的諾言。

一枚西元前 109 年的羅馬硬幣，描繪著第一次布匿戰爭中埃加迪群島海戰的勝利。

由於迦太基在西班牙的擴張，令那些位於地中海西北海岸的希臘殖民城邑深感不安，紛紛要求羅馬出面干涉。還沒等到羅馬採取什麼行動，西元前二二〇年，二十七歲的漢尼拔果真率軍圍攻西班牙東北沿海的薩袞達城，羅馬干涉無效，於是，在漢尼拔攻陷薩袞達城的隔年（西元前二一八年），第二次布匿戰爭爆發，一共歷時十六年（西元前二一八～前二〇二年）。

漢尼拔率領著區區五萬人的部隊從西班牙出發，翻越了庇里牛斯山和阿爾卑斯山，並在羅馬尚未察覺之前，從義大利半島北端侵入了波河流域，當地的高盧人背叛了羅馬，這使得漢尼拔立即獲得了補給的兵源。漢尼拔原本寄望於半島中部的城邑和部落，也會像高盧人那樣背叛羅馬，但是這回中部城邑倒是表現得很團結，一致效忠羅馬，羅馬本身對於漢尼拔的來犯，當然更是意志堅定，堅持抗戰到底。

漢尼拔非常勇敢，又擅長謀略，儘管在進入羅馬國境的半途中，因為眼疾而導致一隻眼睛失明，可是在接下來的十幾年裡，他還是率軍縱橫於義大利全境，並且在兩場重要戰役中擊潰羅馬人，讓羅馬感受到頗大的壓力。

羅馬覺得迎戰漢尼拔相當棘手，因此盡量減少與漢尼拔的軍隊正面衝突，而是多管齊下，譬如加強和各個與邦之間的聯盟，採取**焦土戰略**，阻斷漢尼拔軍需

焦土戰略——這是一種軍事戰略，在中國古代叫做「堅壁清野」，就是在敵人即將進入、自己則是正要撤出某地之前，盡量破壞該地一切可能對敵人有用的東西，不讓敵人就地獲得補給。

物資的補給，還從漢尼拔身上學習到了游擊戰術，並且增加軍團兵力等等，終於逐漸奪回義大利南部的要塞，還派軍出兵至西班牙，奪取迦太基在歐洲的基地。

西元前二〇四年，由於迦太基本土遭到羅馬軍隊猛烈的攻擊，當局不得不緊急召回漢尼拔。羅馬的計謀奏效了。

羅浮宮裡的漢尼拔雕像。漢尼拔因在軍事上的成就，被稱為「戰略之父」。

兩年後，羅馬將領西庇阿在「撒馬一役」擊敗了漢尼拔，這年漢尼拔四十五歲，這是他有生以來第一次嘗到敗績，這一役也結束了第二次布匿戰爭。

雙方議和條件，包括要迦太基放棄對西班牙和任何地中海島嶼領土權益的要求；在五十年之內必須付給羅馬一筆巨額賠款；除了保有十艘戰船，不得維持任何在海上足以發起戰端的武力；原有的西班牙領地割讓給羅馬，分建為遠近兩個西班牙行省等等。

戰後，漢尼拔成為迦太基的行政官，他本想幫助迦太基重新再站起來，但羅馬當然還是對他非常忌憚，在羅馬不斷施壓之下，漢尼拔不得已只得展開流亡。西元前一八三年，漢尼拔在得知自己很可能即將被引渡至羅馬受審之後，決心絕不落入羅馬人之手，遂服毒自盡，享年六十四歲。

在第二次布匿戰爭之後，羅馬已經成為一個控有西地中海的帝國，而迦太基只保持了一個商業城邦的地位，可是羅馬唯恐不知道哪天迦太基會再度威脅到自己，終於在半個世紀後再啟戰事，這就是第三次布匿戰爭。

這次的戰爭只持續了三年（西元前一四九～前一四六年），戰爭結果是迦太基在被圍城兩年之後，終被羅馬軍所攻破，一個原本擁有五十萬人口的城市，最後只剩下頂多五萬人，之後羅馬將這些人全部都被發賣為奴，迦太基城徹底被焚毀。這次戰後，迦太基也被羅馬建為行省。

布匿戰爭可以說是羅馬走上帝國主義的重要標誌。

在第三次布匿戰爭爆發之前，其實還發生過四次馬其頓戰爭。起因是馬其頓國王腓力五世在第二次布匿戰爭期間，曾與漢尼拔聯盟，這讓羅馬十分惱火，因此就在第二次布匿戰爭結束十三年後，對馬其頓發起了戰事，前後也斷斷續續進行了六十七年（西元前二一五～前一四八年）。

不過，最後一戰（西元前一四九～前一四八年）較為無關緊要，只不過是一個僭主集合了一部分勢力，企圖恢復馬其頓王國，但很快就被羅馬軍給擊敗。

在馬其頓戰爭結束後兩年（西元前一四六年），第三次布匿戰爭也結束了。在滅了迦太基的同年，羅馬也兼併了馬其頓，將馬其頓建為行省。也就是說，羅馬在統一西地中海這一年，實際上就是統一了整個歐洲的地中海區域。

希臘歷史到這個時候告一個段落，屬於羅馬的時代正式開始了。

第七章　三頭專政與邁向獨裁帝國

羅馬的時代正式到來，
這一個跨越歐、非、亞三個洲的新強國，
經歷了超過一個世紀的政爭和內亂，
由兩次軍人專制的「三頭專政」，
將羅馬的歷史由原本的共和，正式帶向獨裁的帝國時代。

1 羅馬共和的衰敗

過去的羅馬，是一個以許多自食其力的小農為社會骨幹，以愛國和尊重權威為傳統，崇尚勇敢、紀律、榮譽、敬畏神明和祖先的城邦，但是，當羅馬從一個城邦慢慢擴張到一個橫跨歐、亞、非三洲的超級大國，這整個過程中引發了羅馬內部很多連帶的影響，從而造成了共和政治的危機。

比方說，由於國家的結構產生了變化，長年征戰也需要一個更為強有力的政府來領導軍隊。在羅馬成為一個世界性的國家以後，很多羅馬人漸漸感到，原來為城邦所設計的元老院已經不再適用。

再加上布匿戰爭等戰事對義大利的經濟破壞巨大，原本以小農制為基礎的經濟制度已難以維持，很多人民淪為無產階級。家族及家庭制度也遭到破壞，奴隸制度興起，逃亡的奴隸與貧民經常匯聚引起騷亂，增加社會的不安。在西元前七三年，由一個叫做斯巴達克斯的奴隸帶頭的叛亂活動，竟持續超過了一年都不能被鎮壓下來。

而在文化方面，自從羅馬併取了義大利南部的大希臘地區及西西里，直接接觸到希臘文化以後，在羅馬就發展出一股崇尚希臘文化的風氣。這對於羅馬長期的發展來說雖然頗有助益，因為如果沒有希臘文化的修養，恐怕也很難統治地中海東區，但由於此時的希臘文化其實已步入黃昏，多少帶有些頹廢的色彩，自然也就腐蝕了羅馬原有的精神。尤其是對那些非知識分子來說，負面的影響似乎超過了正面的影響，有一位名叫老凱圖的元老就曾經多次批評希臘文化，還曾驅逐在羅馬講述希臘學說的希臘人，只不過，這都阻止不了希臘文化仍然繼續受到羅馬知識分子的喜愛。

鑒於以上這些關係到共和政治存亡的威脅，為了挽救共和，羅馬的政治家格拉古兄弟前後都力主改革。這對兄弟相差九歲，進行改革的時間相距十年。

格拉古兄弟的改革

哥哥提比留·格拉古（西元前一六八～前一三三年）曾經參與過第三次布匿戰爭，在三十五歲那年（西元前一三三年）當選護民官以後，就提出土地改革、縮短軍事服役的時間、給予盟友參政權等等主張，可是保守勢力促使另外一位護民官否決了他所提出來的法案。提比留·格拉古不甘示弱，立即訴諸違憲手段，使部族大會罷免了反對他的那位護民官，後來他在競選連任時，與追隨他的大約三百人在一次暴力衝突中集體被殺，改革也因此止步。

十年後，弟弟蓋烏斯·格拉古（西元前一五九～前一二一年），在三十六歲這年也當選了護民官，計畫要把元老院的職權轉移到部族大會，並且矢志想要完成哥哥未竟的諸多改革措施，但兩年後蓋烏斯·格拉古便在一次武裝衝突中自殺而死，三千名從眾也紛紛被殺。到這個時候，格拉古兄弟的改革可以說完全失敗。

但即使他們失敗了，他們的改革還是產生了深遠的影響。影響之一，是在蓋烏斯·格拉古死後，改革派依然存在，並自稱為「民黨」，以有別於反對改革的貴族派；影響之二，就是一直以來總是包攬國家大權、看似神聖不可侵犯的元老院，地位開始動搖，再加上對外用兵給了軍人勢力崛起的機會，終於導致獨裁政權的興起，羅馬也從共和政治逐漸過渡為專制帝政。

2 第一次三頭專政：轉向軍人獨裁的羅馬

西元前六〇年，三位均有軍人背景者：凱撒、龐培和克拉蘇，祕密結盟，史稱「第一次三頭專政」（之後在羅馬歷史上還有「第二次三頭專政」，我們在本

格拉古兄弟的雕像。兄弟倆致力改革，卻也因此喪生。

章第四節會講述）。這是羅馬歷史上的一件大事，翌年凱撒擔任執政官。

凱撒大帝崛起

我們先來重點介紹一下凱撒。他是共和時期末傑出的軍事統帥和政治家，也是羅馬帝國的奠基者，後世經常稱之為「凱撒大帝」。

凱撒（西元前一〇二～前四四年）出生於羅馬一個貴族家庭，祖父擔任過執政官，父親也擔任過財政官、大法官等職務，甚至還出任過小亞細亞的總督。

凱撒年少時就被送進專門培養貴族子弟的學校，他天資聰穎、身體強健，既酷愛希臘古典文學，本身也頗具文藝細胞，在十幾歲時就發表過文學作品，同時還精通騎馬、劍術等等，是一個「多才多藝，能文能武」的人物。

按歷史記載，凱撒在處理政務時作風穩健、嚴謹認真；在與人商討事務時談吐得宜、風度不凡；在為人處世上，則經常都是寬厚仁慈、開朗大度。不過，或許是一心過於想要開創一番偉業，凱撒也總是給人留下一種獨斷獨行的印象。

凱撒的政治生涯從青年時代就開始了。他頭腦清楚，對於形勢的判斷非常精準，譬如儘管當時多數羅馬公民仍然希望能夠保持共和政體，凱撒卻已看出共和政體實際上已是病入膏肓。他之所以能夠在政壇順風順水，也與他總是能夠掌握形勢，適時與各式各樣政治人物結盟，有著很大的關係。在他四十二歲那年，與龐培和克拉蘇祕密結盟，就是一個典型的例子。

為了達成這次的結盟，凱撒甚至能夠神通廣大的使宿怨頗深的龐培和克拉蘇兩人先達成和解，然後再三人約定，今後羅馬任何舉措都不得違反他們三人之一的意願。歷史上將他們的結盟稱為「第一次三頭專政」。

為了鞏固這樣的結盟，凱撒還將自己年僅十四歲的獨生女嫁給已經五十歲的龐培。

三人結盟後，果然勢力大增。翌年凱撒擔任執政官，任內另外一位執政官幾乎沒有表示意見的機會，對凱撒而言形同不存在，讓凱撒獨攬了大權。

在完成執政官任期後，凱撒被任命為羅馬統治下三個行省（山北高盧、伊利庫姆和山南高盧）的總督，統帥著四個羅馬軍團（總數約兩萬人）前往赴任。剛到任的他，便發動了高盧戰爭（西元前五八～前四九年）。

征服高盧

在為期九年的戰爭期間，儘管凱撒所統領的軍隊人數不占優勢，但他還是憑藉著出色的領導，征服了高盧全部地區，把萊茵河畔所有領土都納入了羅馬的版圖，範圍相當於今天法國和比利時的全部領土，以及瑞士、德國和荷蘭的部分地區。凱撒還曾派遣了兩支軍隊遠征大不列顛，但是始終無法永久的占領。

凱撒描述自己征戰經歷的《高盧戰記》，被後世認為是難得的文學經典之作。征服高盧是凱撒一生最主要的成就，被凱撒所占領的地區後來更是被羅馬統治長達五百年之久。在這麼漫長的歲月中，這些地區被徹底的羅馬化，包括接受了羅馬的語言、法律和習慣，以及後來的羅馬基督教。

即便是在當時，「高盧行省」被規定每年都得上繳大量錢財，對羅馬而言當然也是一大好事，更何況還使義大利能在接下去的幾百年內，都免受北方的侵擾。這場戰爭的勝利，對於保障整個羅馬帝國的安全，產生了至關重要的作用。

征服高盧之後，凱撒成了羅馬民眾心目中的英雄，這讓「三頭專政」之一的龐培深感不安。因為「三頭」中另外一位要角克拉蘇，已於西元前五三年（也就是在高盧戰爭爆發五年之後），東征帕提亞帝國時兵敗身亡（帕提亞帝國是位於

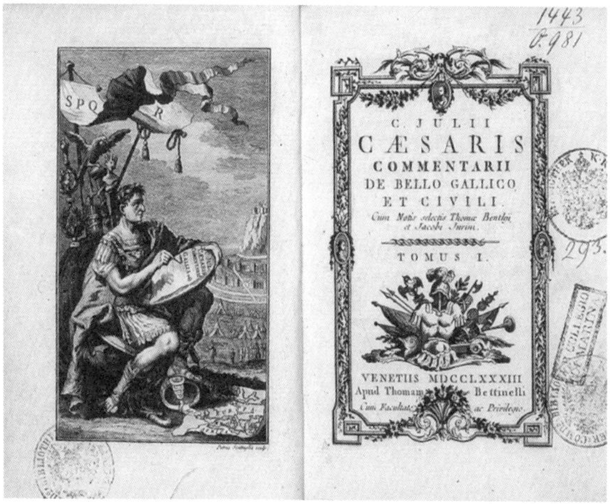

凱撒的《高盧戰記》。這是 18 世紀出版的版本。

亞洲西部伊朗地區的帝國），「三頭」早已變成「雙頭」。此時，元老院很了解龐培唯恐被凱撒比下去的心思，便趁機積極拉攏龐培。

凱撒在高盧的軍事指揮權期滿以後，元老院決定要把凱撒召回羅馬，凱撒回信說希望延長自己高盧總督的任期，但遭到元老院的拒絕，元老院還強硬的表示，如果凱撒不立刻回羅馬，就要將凱撒視為「國敵」。

凱撒大怒，立刻率軍渡過義大利北部的盧比孔河，一路向羅馬挺進，開啟了為期四年的內戰（西元前四九～前四五年），對戰效忠於元老院的軍隊。

發動羅馬內戰

凱撒有一句名言：「我來了，我看到了，我征服了！」就是在內戰時期說的。那是在戰爭中期，西元前四七年四月，凱撒率領軍隊在澤拉附近扎營時突然遭到襲擊，不過，凱撒的軍隊訓練有素，十分鎮定又火速的列隊應戰，很快便把來軍給打敗，歷史上稱之為「澤拉之戰」。戰鬥一結束，凱撒便向羅馬發出這份捷報，雖然只有短短三句話，但霸氣十足，真不愧是「凱撒大帝」！

這場內戰的結果，是由凱撒獲勝。其實早在內戰開始的第二年，凱撒就已在

文藝復興時期，描繪凱撒乘著馬車凱旋的畫作。

「法薩盧斯之戰」中擊敗了龐培，還一直追擊到了埃及，後來還是由埃及人刺殺了龐培之後，把龐培的人頭獻給了凱撒。接下來，由於埃及人對於凱撒干涉他們的內政非常不滿，凱撒又率軍與埃及一戰，打敗了埃及軍。到了西元前四六年，戰爭已近尾聲，凱撒又率軍攻打逃到北非的龐培餘黨，大獲全勝。

凱撒回到羅馬，進行長達十天的凱旋式。這是一種宗教儀式，是羅馬軍事指揮官所能得到最高的榮譽。

儘管這個時候內戰還未完全結束，但回到羅馬之後的凱撒，已經開始著手推動各項改革，包括給予北義大利和西西里島人民羅馬的公民權等等。

翌年（西元前四五年），由於龐培的兩個兒子在西班牙發動叛亂，凱撒再次遠征西班牙，龐培的兩個兒子不敵，長子陣亡、次子流亡西西里，為期四年的內戰到這個時候才正式結束。

一年以後，凱撒剛剛回到羅馬不久，便宣布自己成為終

凱撒被元老院的成員刺殺身亡。

身獨裁官。凱撒認為，羅馬需要自己所提供的這種既有效又開明的獨裁政體，然而他的許多政敵卻並不這麼認為。西元前四四年三月十五日，凱撒在一次元老院的會議上遇刺身亡，享年五十八歲。

凱撒死後，共和政治又苟延殘喘了十三年。總之，從西元前一四六至前三一年，這一百一十五年之間，由於羅馬內部發生了許多無法解決的矛盾與衝突，這一段革命與暴亂頻傳的歲月，最後終於導致羅馬共和的覆亡。

3 共和時期的文化

關於共和時期的羅馬文化，我們可以分為幾個方面來稍做介紹。

◆——經濟：騎士階級與奴隸問題

隨著羅馬不斷的向義大利境外擴展疆土，帶動商業和手工業都日趨興盛。在西元前三世紀上半葉，也就是羅馬雄踞地中海的前期，貿易活動也緊跟其後。這大大刺激了經濟發展，使得經濟活動更加活絡，影響所及就是在社會上興起了一批新的階級，他們被稱為「騎士」，其實指的就是資本家，他們之中有些是依靠戰利品發財，有些是因為從事海外貿易而致富。由於元老貴族階級的經濟利益都是來自於土地，也只局限於土地，這些騎士可以說壟斷了農業以外的種種生財之道。

比方說，砍伐木材、開發礦產、放高利貸、經辦道路和水渠工程，或是經營手工業、製造業和運輸業、為軍隊承辦裝備和各種物資補給、販賣從戰場上得來的各式各樣的戰利品（包括俘虜）、承包行省賦稅等等。這些賺錢的領域種類繁多，幾乎到處都可以看到這些騎士們的身影。

騎士們生財有道，自然造成社會上愈來愈大的貧富差距。同時由於騎士們的許多事業都需要大量的人力（譬如砍伐木材和開發礦產等等），羅馬的奴隸人數因此大幅增加，到了西元前二世紀，在羅馬人口中竟然高達一半都是奴隸。

其實在羅馬早期就已經有奴隸制度，但一方面在總人口中所占的比例還不是那麼大，另一方面也因為奴隸的人權總還是會受到一些保護，所以還比較不會造成嚴重的社會問題。

但是因為連年征戰，那些海外戰敗國家的人民全部都成為奴隸（譬如我們在前面就提到過當迦太基被羅馬征服以後，剩下的人民就全部都被發賣為奴），這些奴隸就毫無人權可言，都被視為一件件「會說話的商品」，處境十分悲慘。

信仰神話與宗教

共和時期的宗教屬於兼容並蓄，羅馬人會向各國「借來」或「搶來」一些神靈。希臘諸神就深獲羅馬人民的喜愛，因此絕大部分的希臘諸神都會以另外一個名字出現在羅馬神話裡，像是在希臘神話中「愛與美的女神」阿芙蘿黛蒂，在羅馬神話中叫做維納斯等等。

在西元前三世紀左右，羅馬受到希臘神話和印歐語系神話的影響，融合了東西方文化，發展出富有羅馬現實主義精神的宗教形式。不但有法律形式的教義加以規範，還同時具有契約精神，每逢任何重要祭典或節日，都有曆法能夠加以配合，並且由祭司「奴瑪」（其實就是國王）來主持。在這樣的宗教形式之下，很能夠在無形之中有效凝聚羅馬人民的向心力。

建築

在羅馬文化中，最能展現羅馬獨特風格的，當首推他們的神廟。

薩圖爾努斯，羅馬神話中的農業之神。

羅馬的神廟不僅可以展現他們堅定虔誠的宗教信仰，也是羅馬政治活動的重要場所，各種平民會議和元老院開會的地點，經常都是在神廟的廣場。

建於西元前五世紀末（西元前四八四年）的拉丁農神廟，更被後世視為「建築藝術的濫觴」。

伊特拉斯坎人對於羅馬建築也有很大的影響。羅馬人本來就非常重視實用性，這是他們相當突出的文化風格，從伊特拉斯坎人的建築經驗，羅馬人學習到如何以各種石塊原料來製造各種水道、碉樓和城門等等，再加上使用拱圈式建築，風格渾厚又非常堅實，同時兼具實用和美觀的價值，這些建築不僅十分耐用，在藝術表現上若與希臘古典建築相比，也毫不遜色。

18世紀畫家所繪的《從羅馬廣場遺跡望向國會大廈方向》，畫中可見位於古羅馬廣場中的農神廟遺址。

◆文學和戲劇

拉丁文學是在第二次布匿戰爭之後才開始萌芽。

有一位來自大希臘的希臘人，名叫安德羅尼庫斯（約西元前二八四～前二〇四年），在西元前三世紀末時，他曾是奴隸，後來獲得釋放，成為家庭教師。他將荷馬著名的《奧德賽》以悲劇或是喜劇的譯本搬上舞臺，極受好評，簡直可以說是成為了範本。從這個時候開始，算是開啟了拉丁文學的創作。

安德羅尼庫斯一生創作的劇本超過一百三十多部，可惜大部分都已散失。他為羅馬開啟了戲劇藝術之門，是位廣受歡迎的喜劇大師。

另外一位很有代表性的拉丁文學創始人，是一個名叫奈維烏斯的羅馬公民。

在西元前三世紀中葉至二世紀末，拉丁文學屬於啟蒙階段，整體的表現形式還是以模仿希臘作品居多，或是將希臘作品直譯為拉丁文，奈維烏斯的作品卻相當難得的具有很高的原創性。他喜歡採用戰爭背景，譬如講述發生在布匿戰爭中的故事，試圖在劇作中喚起羅馬人的民族情感。

基本上，羅馬戲劇的特色，是能夠用寫實的手法，在很多地方真實犀利的反映出社會現狀，同時還發展出民間的滑稽劇，成為獨特的「羅馬喜劇」。

最早的民間滑稽劇，源自坎佩尼亞地區的阿提拉城，使用的語言是義大利方言，並在西元前三世紀時傳入羅馬。之後與羅馬的戲劇相互融合，發展出帶有寓言性質、又頗具高娛樂價值的滑稽劇。這些作品，儘管統治階層都不太欣賞，卻廣受普通老百姓的喜愛。

◆ 綜合藝術

許多外來文化一直深深影響著羅馬文化，譬如希臘人、伊特拉斯坎人、坎佩尼亞人等等，這使得羅馬的藝術雖然非常耀眼，但有好一段時間卻始終沒有自己的特色。

尤其羅馬人曾經一度相當沉迷於希臘文化，不僅是文學和戲劇，其他諸如哲學、繪畫、雕塑、陶器等等，都有過一股模仿希臘文化的熱潮，把希臘文化發揚光大。

不過，模仿畢竟都只是走向原創必經的階段，後來隨著歲月的推移，羅馬人還是慢慢發展出一種屬於羅馬的寫實主義風格，這成為羅馬文化中一個鮮明的特點，不只是在藝術中，在其他很多領域也都可以看得到。

4 第二次三頭專政：進入帝國之前

關於羅馬帝國的興衰，我們會在卷三之後再講述，現在我們只先講述一下進入帝國初期這段重要的歷史，主要將介紹一位重量級的大人物。

如果論及對整個世界歷史的影響，他的地位還遠遠超過了凱撒，他就是屋大維（西元前六三～西元一四年）。

屋大維是凱撒的姪孫（也有人說是甥外孫），由於凱撒沒有兒子，於是在屋大維十九歲那年（西元前四四年）就被凱撒收為養子，還在遺囑中指定屋大維為第一繼承人。同年凱撒遇刺身亡。

凱撒死後，許多人自然立刻就展開激烈的權力鬥爭。經過一段時間的紛紛擾擾，由凱撒的部將安東尼（西元前八三～前三〇年），與羅馬軍團騎兵隊隊長雷比達（約西元前八九～約前一三年），暫時獲得了統治權。

過了不久，因為安東尼企圖繼承凱撒的地位，又曾經鼓動百姓和凱撒的擁護者，激發大家對凱撒的崇敬，這些作為不僅令元老院大為不滿，同時也頗感憂慮，遂決定要全力支持屋大維，以此來與安東尼抗衡。

之前其實沒什麼人把屋大維放在眼裡，都認為他無非就是沾了凱撒的光而已。這也難怪，畢竟他太年輕，比安東尼和雷比達都要足足小了二十歲以上，幾乎算是兩個世代的人。

對於元老院為什麼會支持自己，屋大維非常明白。他是一個天生的政治家，既洞悉局勢，還能巧妙的運用形勢，所以，他一方面與元老院配合，另一方面又努力爭取凱撒舊部的支持。接下來，屋大維便對安東尼發起了挑戰。

經過一度交戰，安東尼兵敗，這意味著年輕的屋大維勢力已成，羽翼已經豐滿。就在凱撒死後第二年（西元前四三年），屋大維與安東尼、雷比達和解，組成「三頭專政」，歷史上稱之為「第二次三頭專政」，約定從此三人要共同掌握羅馬的權力。

三頭獨裁專政的公開化

與十七年前（西元前六〇年），凱撒、龐培和克拉蘇的「第一次三頭專政」相較，兩次專政最大的不同之處在於，「第一次三頭專政」屬於三頭祕密結盟，而這回卻是經過了民會立法的認可。從這個時候開始，屋大維、安東尼和雷比達「三頭」共同享有執政官的至尊權，不僅有權舉薦官吏、能夠分領地中海西部諸行省，而且他們的一切措施也都不再需要經過元老院的認可。

這是羅馬歷史上首次將三頭政治公開化，並且還計畫要以三頭獨裁的形式，達到五年內復興羅馬共和的目標。協議結果，由安東尼掌高盧、雷比達掌西班牙和義大利，屋大維則掌西西里、北非、薩丁尼亞島，期限各五年。

「三頭」取得默契之後，就行動一致先合力掃除國內的政敵。著名政治家、演說家和哲學家，共和政體極為重要的辯護者西塞羅（西元前一〇六～前四三年），就是在這個時候遇害。

組成「第二次三頭專政」的同一年，「腓力比戰爭」在馬其頓爆發。戰爭結果，「三頭」獲勝，然後三人重新瓜分了羅馬的版圖，這回安東尼取得敘利亞、小亞細亞等地的東方行省，雷比達得到非洲，屋大維則占領了高盧、西班牙和義大利。由於一時還不能消滅龐培（這是指當年凱撒政敵龐培的次子），三人也約定了要平分龐培所擁有的科西嘉島、薩丁尼亞島和西西里島。

接下來，「三頭」政治趨於穩定。屋大維返回羅馬，一方面分配土地給效忠「三頭」的老兵們，另一方面也策劃要伺機再對龐培進軍。

屋大維正式成為三頭之首

經過七年的準備，西元前三六年，時年二十七歲的屋大維再度出兵攻擊龐培。龐培不敵，大軍在墨西拿之北被屋大維的軍隊所擊潰，屋大維統一了西地中海。龐培本人在逃亡途中被安東尼的部下所擒，最後死於米利都。

同一年，雷比達抱怨自己的領地太小，竟然想要拿走本來按約定是屬於屋大維的西西里島，屋大維反應果斷，立刻起兵擊敗了雷比達，戰後雷比達失去了自己原有的非洲，只剩下一個有名無實的祭司的名位。

就這樣，「三頭專政」組成才短短七年就宣告破局，成為了「雙頭專政」，而「雙頭」中的安東尼，此時的聲望又遠不如屋大維。

這是怎麼回事呢？原來，是因為安東尼戀愛了。

就在「三頭專政」組成的兩年後（西元前四一年），安東尼結識了埃及女王克麗奧佩脫拉（俗稱「埃及豔后」，西元前六九～前三〇年），沒多久就與克麗奧佩脫拉女王生活在一起，在埃及的亞歷山大港過著完全東方式的宮廷生活，並且於西元前三三年，也就是屋大維大敗龐培軍隊於墨西拿之北的三年後，安東尼正式與克麗奧佩脫拉女王結婚，聲稱要擔任她的副王，還承諾要擴大埃及及托勒密王朝的疆域。

傳說之前克麗奧佩脫拉女王在二十歲出頭的時候，也曾經與凱撒有過戀情，

19 世紀畫家所繪的安東尼與克麗奧佩脫拉。

還生了一個兒子。這次，她和安東尼在一起後，又生了兩個兒子和一個女兒。

安東尼與克麗奧佩脫拉女王結婚的前一年，在一次宴會中，安東尼稱克麗奧佩脫拉女王為「諸王之后」，是埃及、塞普勒斯、克里特島和南巴勒斯坦的君主。安東尼也將克麗奧佩脫拉女王與凱撒所生的兒子稱為「諸王之王」，而他自己和克麗奧佩脫拉女王的兩個兒子也都稱王，女兒則有封土。

安東尼此舉不僅讓羅馬人對他的觀感不佳，同時也不符合羅馬的國家利益，因為他為孩子們所分封的土地，除了少數像米太和安息尚待征服之外，其他那些地方其實都已是羅馬的附庸，甚至已建為羅馬的行省。因此，如果安東尼的分封計畫付諸實施，再加上他對克麗奧佩脫拉女王「要擴大埃及托勒密王朝疆域」的承諾，等於是要再造一個新的東方帝國。可想而知，這不僅將嚴重割裂羅馬，還將威脅到羅馬的發

埃及豔后及其與凱撒之子，凱撒里昂。

展，勢必會與羅馬形成對立，這種種可能會出現的新情勢，自然是不為羅馬所樂見。

於是，就在安東尼和克麗奧佩脫拉女王結婚的那一年，屋大維對安東尼展開了強烈的抨擊。不久，屋大維當選為執政官，元老院便順從屋大維的指示，剝奪了安東尼在「三頭專政」之下的至尊權，並且對克麗奧佩脫拉女王正式宣戰。

經過一年多陸上、海上的交鋒，屋大維占領了亞歷山大港，安東尼和克麗奧佩脫拉女王先後自殺。不過，正如卷一《世界史的序幕》中曾經提到過的那樣，很多學者對於克麗奧佩脫拉女王是以「被毒蛇咬了一口」的方式自殺這樣的說法，都抱持著懷疑的態度，而普遍都傾向認為應該是出於屋大維的謀殺。

不管如何，屋大維滿足了克麗奧佩脫拉女王臨死前的要求，把她和安東尼埋葬在一起，然後把她和凱撒生的兒子，以及她和安東尼所生的長子都給處死了。

隨著克麗奧佩脫拉女王的死亡，持續了將近三百年的托勒密王朝，乃至整個古埃及也就這麼滅亡了，甚至所有的希臘化王國到這個時候都已盡亡。埃及從此被併入羅馬，建為行省，成為羅馬帝國的一部分。

安東尼死後，三十三歲的屋大維成了羅馬唯一的主宰。

帶領羅馬走向帝國之路

自從格拉古兄弟改革以來，羅馬經歷了超過一個世紀的政爭和內亂，到這個時候也終於得以結束。這一百多年以來，無數的羅馬人和義大利人都飽嘗家破人亡之苦，希臘、馬其頓和亞洲很多地方也都備受摧殘，凡是羅馬版圖之內的人民，無不強烈渴盼和平。

屋大維從埃及回到羅馬以後，舉行了盛大的凱旋遊行，他鄭重宣告羅馬全境的戰爭都已結束。

屋大維非常聰明，他實際上是想效法義父凱撒的作法，帶領羅馬邁向帝國之路，但是他又很清楚，如果直接進入帝國制度恐怕還是有違民意，難以令各方所接受，遂非常巧妙的以「元首制」來包裝「君主制」，讓羅馬今後「外表是共和，實質卻是帝國」。

西元前三一年，屋大維依然將「共和制」的憲法書交付元老院，並且保留了執政官、公民大會、元老院，但是卻將所有官職全部攬於一身，政治機構完全形同虛設。

四年後（西元前二七年），元老院為時年三十六歲的屋大維易名為「奧古斯都」，意思是「神明」，所以後世往往也以「奧古斯都屋大維」或是僅以「奧古斯都」之名來稱呼他，而這一年也被後世視為是羅馬帝國開始的時間。因為到這個時候，儘管名義上羅馬仍然是一個共和國，屋大維只是「第一公民」，但實際上他已經是一個不折不扣的獨裁者。

屋大維享年七十七歲。從被元老院稱為「奧古斯都」那年算起，屋大維統治了羅馬長達四十一年。西元一四年，在屋大維過世的時候，羅馬已經完成了由共和制走向專制政體的過渡。在屋大維死後，他的義子也理所當然的繼承了王位。

因此，後世均將屋大維視為古羅馬帝國第一代皇帝，他無疑是世界歷史上最為重要的人物之一，因為他不僅平息了企圖分裂羅馬共和國的諸多內戰、改組羅馬政府，也給羅馬世界帶來了長達兩個世紀的和平與繁榮。

第八章　西元元年前的中國：秦末漢初

西元元年前的中國，正處於一個歷史重要的轉捩點。
秦朝被推翻，第一個一統天下的帝國結束，
握有軍事權勢的人物分別崛起，讓中國再次陷入分裂。
楚漢相爭之後，漢王劉邦建立漢朝。
隨著漢朝穩定發展，張騫兩次受命出使西域開通了絲路，
中國的古典文化便一路向西，傳向世界的另一頭。

1 秦朝滅亡與漢朝初立

西元元年，在中國歷史上正值西漢末年。漢朝一共四百零七年，因為王莽（西元前四五～西元二三年）在西元八年時篡漢自立為新朝，漢朝遂被攔腰砍斷成西漢（西元前二〇二～西元八年）和東漢（西元二五～二二〇年）兩個時期。

在本書結束之前，我們不妨再來看看中國在進入西元元年之前都有哪些大事？大事當然很多，我們就接著第四章的秦朝之後，重點講述「秦朝滅亡與漢朝初立」，以及「張騫通西域」兩件重要歷史事件。

羅馬帝國開始的時間，比起中國歷史上第一個統一的封建王朝秦朝要晚兩百年左右，不過，羅馬帝國的國祚維持了將近一千五百年，秦朝卻只有短短的十四年。

秦朝因為勞逸繁重，刑罰又非常殘酷，光是死罪就有腰斬、車裂（俗稱「五馬分屍」）、戮屍、梟首（把罪犯的腦袋砍下來掛在城門上示眾）、烹、絞（吊死或勒死）等等，還有夷三族（指一人犯罪，父母、兄弟、妻子三族的人一起通通殺光，或也有「三族」是指父親、母親、妻子三族之說）、連坐（一人犯罪，家屬、親族甚至鄰居都要連帶受罰），諸如此類各種嚴酷的措施，當然不得人心。

尤其是那些被秦朝統一的六國人民，過去的生活氛圍都較為寬鬆，成為秦朝人民之後真是了無生趣，但是採取中央集權的秦朝，之所以會如此短命，其中似乎還是有些偶然的因素，那就是發生在秦朝末年的「沙丘政變」。

改寫歷史的沙丘政變

秦始皇的長子扶蘇，性格仁厚，在坑儒事件之初，還曾因為替眾多儒生求情，觸怒了秦始皇，被秦始皇派到遙遠的上郡（今陝西綏德縣）去監軍，協助大將**蒙恬**修築長城、抵禦匈奴。

西元前二一一年十月，秦始皇開始了他這一生最後一次巡遊，有左丞相李斯、少子胡亥和中車府令兼符璽令的宦官趙高隨行。途中秦始皇忽然病倒，日益嚴重，終於在翌年七月死在沙丘。

秦始皇生前並沒有立太子，在他病危之際，曾經下令發出一封信給扶蘇，讓扶蘇立即趕回咸陽參加葬禮，並且繼承皇位，但是還沒等到這封信發出去，秦始皇就死了。職掌符璽大權的宦官趙高，竟然膽大妄為扣押了這封信，進而聯合胡亥、再說動李斯，三人密謀發出一封假的遺詔，命扶蘇自盡，然後就日夜兼程拼

蒙恬——蒙恬（約西元前二五九～前二一〇年）曾經駐守九郡十幾年，威震匈奴，是中國歷史上開發寧夏地區的第一人，也是中國西北最早的開發者。相傳他還改良過毛筆，因此被譽為「筆祖」。

命趕回京城咸陽。

這一場「沙丘政變」直接改寫了歷史，趙高也成為中國歷史上第一個嚴重危及國家政權的大宦官。

等他們一回到咸陽，扶蘇自殺的消息正好傳來，他們隨即宣布秦始皇的遺願是讓胡亥繼位，胡亥就這樣成了秦朝第二位皇帝。

秦始皇有二十幾個兒子，如今居然由年齡最小、各方面才能都很平庸的胡亥繼位，很多宗室大臣都很不服，甚至懷疑遺囑的真實性。

秦二世為了樹立權威，便大開殺戒，連自己二十多個手足也不放過，全部殺掉。等到他感覺皇帝的寶座已經坐穩了，便開始吃喝玩樂、縱情於聲色犬馬之中，其他什麼也不管。

史學家對秦始皇的評價幾乎都是「功大過亦大」，意思就是說確實有不少建樹，但過失也同樣非常明顯。之前由於秦始皇相當勤政，據說每天都要看一百公斤的公文（因為當時還沒有紙，公文都是寫在竹簡之上，所以是以「公斤」來計算）。在中央集權的高壓統治之下，秦朝的局面還可以勉強維持，可是等到秦二世即位，他只繼承了父親奢侈殘暴的那一面，再加上不問朝政，朝政漸漸全被趙高所把持，就連李斯不久也被趙高給害死了，政局自然就日益不穩。

終於，在二世元年（西元前二〇九年）七月，陳勝、吳廣在大澤鄉率眾「揭竿起義」，然後就像陳勝判斷的那樣，「天下苦秦久矣」，意思就是說，天下百姓對於秦朝暴政的怨恨早就已經很深很深了，緊接著在他們登高一呼之後，全國果真就掀起了一股來勢洶湧的反秦浪潮，到處都有造反。至於為什麼會被稱作「揭竿起義」，則是因為秦始皇在統一天下之後，曾經銷毀了天下所有的兵器，所以他們只能立刻砍伐樹木和竹竿做為武器，實在是十分悲壯。

儘管陳勝、吳廣的造反僅短短半年就宣告失敗，但他們所掀起的這股反秦浪潮卻愈演愈烈。原本秦將章邯還可以武力鎮壓，但很快就因為各地起兵者愈來愈多，章邯東征西剿，簡直忙不過來，這麼一來就不免顧此失彼，最後只能被逼著走上敗降之路。

秦曆是以每年十月為歲首，在秦二世三年十月，**子嬰**向劉邦（西元前二五六～前一九五年）投降時，秦朝的歷史至此終結，中國歷史已進入「漢元年」，但實際上當時漢朝還沒有建立，之後又經過四年多「楚漢相爭」，統一的漢王朝才正式出現。

子嬰——在逼死秦二世之後，趙高原本還妄圖想要當皇帝，但或許因為有感於自己是宦官，自慚形穢，便改變主意，打算還是扶植一個傀儡皇帝，然後自己獨攬大權。而趙高心目中傀儡皇帝的人選就是子嬰。子嬰故意擺架子，非要趙高親自上門去請，然後趁機殺了趙高，再即秦王位。不過，僅僅只過了四十六天，子嬰就成了劉邦的俘虜，秦朝也就這樣滅亡了。

西楚霸王與漢王的「楚漢相爭」

我們現在在象棋棋盤上看到的「楚河漢界」，就是兩千多年前「楚漢相爭」這段歷史所留下的印證，據說象棋最初是「兵仙」韓信拿來演練用兵之道的器具。

楚漢相爭，是西楚霸王項羽（西元前二三二～前二○二年）與漢王劉邦之間的爭鬥，一開始項羽是占有絕對優勢，可惜在鴻門宴上因為不聽老臣范增的苦勸，沒有當機立斷除掉劉邦而放虎歸山，之後的情勢發展就對項羽愈來愈不利。

主要還是項羽太過年輕，他比劉邦要小二十多歲，儘管確實是中國歷史上難得一見的武將，尤其是在鉅鹿之戰中，破釜沉舟所表現出來的英勇無畏，著實令人讚歎，清代著名學者李晚芳（西元一六九一～一七六七年）甚至還給了他「羽之神勇，千古無二」這樣的最高評價。但是項羽性格剛愎、暴躁易怒，結果出身貴族的他，竟然被一個不學無術的劉邦所敗。最後在垓下被圍之際，儘管還有機會過江逃命，但因有感於無顏見江東父老，遂自刎於烏江，劉邦也因此成了中國

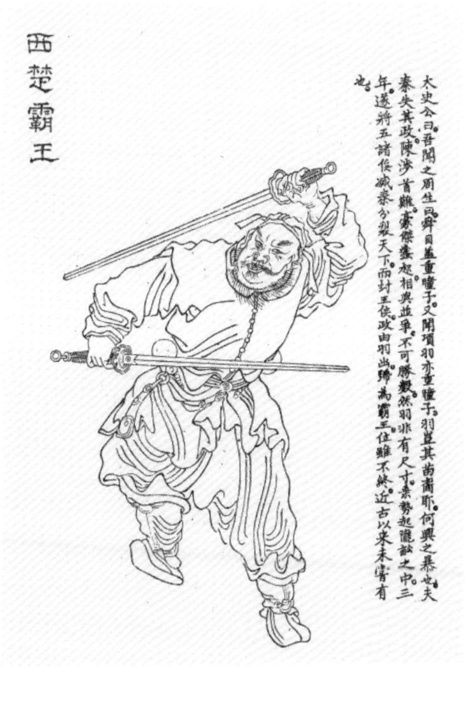

西楚霸王項羽畫像。此圖出自清代畫家上官周的《晚笑堂竹莊畫傳》。

歷史上第一位「布衣天子」。（「布衣」指的是普通老百姓，在過去天子寶座都是世襲，普通老百姓要當皇帝，實在是一件匪夷所思的事。）

而劉邦日後談及自己為什麼能夠在楚漢相爭中獲勝，分析得極為中肯。他說，在軍營中運籌帷幄，取勝於千里之外，論這方面的能力，我比不上張良；鎮守後方，保障後勤工作，論這方面的能力我比不上蕭何；統帥百萬大軍，戰無不勝攻無不克，論這方面的能力我又比不上韓信，這三位都是超凡的英雄豪傑，可是他們都能為我效命，而項羽對唯一的謀臣范增，都還不能夠好好任用，這就注定了他一定會失敗。

張良、蕭何和韓信，後來被稱為「漢初三傑」，就是因為他們是協助劉邦建立漢朝的大功臣。

不過，在漢朝建立之後，當年的功臣幾乎一個個都沒有什麼好下場，幾乎全都遭到誅殺。只有張良，因為在漢初的一場太子保衛戰中為呂后出謀劃策，深獲呂后的敬重，最終才得以倖免，全身而退。

漢高祖劉邦畫像。此圖出自清代畫家上官周的《晚笑堂竹莊畫傳》。

2 張騫通西域

在兩百一十年的西漢歷史中，在位五十四年的漢武帝劉徹（西元前一五六～前八七年），是中國歷史上少數幾位稱得上是雄才大略的皇帝，他的文治武功都非常可觀。漢武帝不僅帶領西漢王朝達到空前的繁榮，對整個中國歷史也影響深遠。

比方說，漢武帝派張騫出使西域，使得中國的影響力在兩千多年前就已直達蔥嶺（現帕米爾高原的古稱）以西，從此不僅使得西域和內地的聯繫日益加強，就連和中亞、西亞，以至於是南歐，中國也都能夠直接建立起聯繫。

漢朝所指的西域，其實就是指今天新疆和蔥嶺以西的部分地區。至於為什麼漢武帝會興起要派使臣出使西域的念頭，這還得追溯至楚漢戰爭時期。當時匈奴冒頓單于趁機擴張勢力，控制了中國東北部、北部和西部的廣大地區，漢朝正式建立以後也與匈奴發生過多次戰鬥，於是逐漸意識到西域的重要性。特別是在漢武帝即位以後，漢軍從匈奴的俘虜口中得知，西遷的大月氏與匈奴是世仇，因為他們的國王曾經被匈奴殺害，頭蓋骨還被割下，做成飲酒用的器具。漢武帝得知之後，大喜過望，便決定要與西域建立合作關係，尤其是大月氏，計畫要聯合一起來夾攻匈奴，「斷匈右臂」。

敦煌壁畫，張騫出西域圖。

敦煌壁畫，往返絲路的商隊。

張騫（西元前一六四～前一一四年）就這樣成了漢朝第一個負責出使西域的使臣。

第一次出使西域

西元前一三九年（這在羅馬共和時期是在第三次布匿戰爭結束的九年後），二十五歲的張騫奉漢武帝之令率領一百多人，其中包括了嚮導和翻譯，從長安出發，出使西域，想要打通漢朝通往西域的南北道路，這就是日後赫赫有名的「絲綢之路」（也簡稱為「絲路」）。

這趟旅程相當不順，一行人才剛剛穿過河西走廊，就不幸碰上了匈奴而全部被抓。匈奴單于對張騫進行了種種威逼利誘，想要迫張騫投降，可是都遭到張騫拒絕，單于一氣之下便把張騫扣留，軟禁了十年。直到有一天，張騫趁匈奴人不備，火速帶領隨從在物資匱乏的情況下匆匆出逃，往大宛（今烏茲別克的非加納盆地）的方向前進。

這一路都很荒涼，水源奇缺，氣候也很嚴峻，一會兒極熱一會兒又極冷，很多人都死在了路上。在備嘗艱辛之後，張騫好不容易才到了大宛，向大宛國王表明自己出使大月氏的任務，請求相助。

大宛國王早就耳聞東方漢朝的富庶，想與漢朝往來，只是苦於一直沒有機會，如今突然來了一位漢朝的使者，大宛國王高興之餘，一口就答應了張騫的要求，將張騫他們送到康居（今烏茲別克和塔吉克境內），緊接著康居王又派遣專人將他們送到大月氏。就這樣，費了好一番周折，張騫等人終於抵達了大月氏。

然而，張騫很快就發現，在已超過十年這一段不算短的時間之內，很多事都改變了。比方說，大月氏人現在因為物產豐富，日子過得不錯，已經不想再向曾經是血海深仇的匈奴報仇了。張騫在大月氏停留了一年多，始終無法說服大月氏王，無奈之餘只得動身返國。

為了避開匈奴，張騫特意改變回程路線，想要通過青海羌人的屬地回到漢朝。但萬萬沒有料到，此時的羌人竟然也已經淪為匈奴的附庸，於是張騫等人再次被俘虜，然後又被扣留了一年多，直到西元前一二六年初，匈奴發生內亂，張騫等人才能趁機逃回長安。

當年出發時是一百多人，歷經十三年，再回到長安，已經只剩下張騫和嚮導兩個人。儘管表面上張騫沒能達成使命，但漢武帝還是非常滿意，並封張騫為太中大夫。

第二次出使西域與開通絲路

在張騫四十五歲左右（西元前一一九年），漢武帝再任張騫為中郎將，並命他第二次出使西域。

這回與第一次相比雖然要順利得多，但也頗為慘烈。張騫率著三百多名隨從出發，四年之後，張騫一行偕烏孫國使者，一共只有數十人返抵長安。

無論如何，第二次出使西域還是大大宣揚了大漢王朝的國威，擴大了大漢王朝的影響力，也增加了漢朝與西域諸國的了解。

翌年，張騫就病逝於長安，享年五十歲。

在張騫達成第二次出使西域的任務之後，絲綢之路就正式開通。從此，不僅各國使節和商人藉由這條絲綢之路來往頻繁，絡繹不絕，漢朝的文明也得以經由西域傳向了西亞和歐洲。

後記

燦爛的上古史

管家琪

這一卷開始，我們進入了上古史。西方上古史首先要介紹的當然就是希臘文明。

記得余光中（西元一九二八～二〇一七年）曾經寫過這麼一句詩句：「星空，非常希臘」（出自《重上大度山》），「希臘」原本是名詞，余光中卻把它拿來當做了形容詞，真是神來之筆；非常希臘的天空是什麼樣子的呢？應該就是「燦爛」吧！若要用一個詞來形容希臘文明，我覺得最精準的說法也就是燦爛，所以這卷開篇所講述的就是「燦爛的希臘文明」。

不過，放眼全世界，上古史其實都挺燦爛的，並不僅僅局限在希臘文明。

與希臘文明同一時期的東方，尤其是中國的文明也很燦爛。想想看，春秋戰國時代（西元前七七〇～前二二一年）距今都是兩千多年、甚至將近三千年前了！孔子（西元前五五一～前四七九年）、孟子（西元前三七一～前二八九年）、老子（約西元前五七一～約前四七一年）、莊子（約西元前三六九～前二八六年）……這些我們耳熟能詳的哲學家，到現在還活在我們的生活當中，全球華人都仍然深受他們思想的影響，可也都是距離我們幾千多年以前的人物了！

而且有意思的是，老子和孔子算是同一時代的人，老子大約比孔子要年長二十歲，而他們兩位對於孟子和莊子來說，竟然也有如古人，因為生存的年代相差了將近兩百年、甚至是超過了兩百年！

當我們在讀歷史的時候，只要多注意一下時間，無論是一些重要事件、或重要人物人生歷程的時間，總是會很讓人吃驚。

在希臘之後，自然就是要介紹羅馬。後世認定羅馬帝國開始的時間是西元前二七年，而中國歷史上第一個統一的封建王朝秦王朝要早了將近兩百年，是在西元前二二一年建立。

而中國古代四大發明之一的指南針，也是在距今兩千多年以前的戰國時代就已經被發明出來了，這也是中國古代四大發明中唯一是在西元前就問世的。那麼遙遠的古人，還真厲害！

再舉兩個例子。釋迦牟尼所生活的年代（西元前五六三～前四八三年）和老子、孔子相近，也是距今兩千多年以前，到今天全球有多少佛教徒都還是把他的思想奉為生活準則；「絲綢之路」，這個詞大家都很熟悉，可是仔細想想，張騫通西域也都超過兩千年了……

這一卷我們所講述的都是西元前的上古史，延續著這麼多精采豐富的內容，下一本就讓我們進入西元後的歷史吧！

參考書目

1 《世界通史》，王曾才／著，三民書局出版，二〇一八年五月增訂二版。

2 《寫給年輕人的簡明世界史》，宮布利希／著，張榮昌／譯，商周出版，二〇一八年三月二版。

3 《BBC 世界史》，安德魯・馬爾／著，邢科、汪輝／譯，遠足文化出版，二〇一八年九月二版。

4 《世界史是走出來的》，島崎晉／著，黃建育／譯，商周出版，二〇一七年五月初版。

5 《世界史年表》，李光欣／編，漢宇國際文化出版，二〇一五年八月初版。

6 《西洋通史》，王德昭／著，商務印書館出版，二〇一七年五月初版。

7 《西洋上古史》，劉增泉／著，五南圖書出版，二〇一五年八月初版。

8 《從黎明到衰頹》上、下冊，巴森／著，鄭明萱／譯，貓頭鷹出版，二〇一八年二月四版。

9 《西洋中古史》，王任光／編著，國立編譯館出版，二〇〇〇年八月初版。

10 《文藝復興時代》，王任光／著，稻鄉出版，二〇〇二年十一月初版。

11 《西洋近世史》，王曾才／編著，正中書局出版，二〇一二年四月三版。

12 《西洋現代史》，王曾才／著，東華書局出版，二〇一三年六月七版。

13 《西洋現代史》，羅伯特・帕克斯頓、朱莉・何偉／著，陳美君、陳美如／譯，聖智學習亞洲私人有限公司台灣分公司出版，二〇一六年十一月初版。

14 《影響世界歷史 100 位名人》，麥克・哈特／著，趙梅等／譯，晨星出版，二〇〇〇年十二月初版。

15 《中國通史》上、下冊，傅樂成／編著，大中國圖書出版，二〇一一年十月三十七版。

16 《中國近代史》，薛化元／編著，三民書局出版，二〇一八年二月增訂七版。

17 《中國現代史》，薛化元、李福鐘、潘光哲／編著，三民書局出版，二〇一六年二月增訂五版。

十一畫

唯物主義者派 Materialists

梭倫 Solon

理想國 Republic

畢達哥拉斯 Pythagoras

荷馬時代 the Homeric Age

十二畫

凱撒 Gaius Julius Caesar

喜劇 comedy

悲劇 tragedy

提比留・格拉古
Tiberius Sepronius Gracchus

提洛同盟 the Delian League

斯巴達克斯 Spartacus

《普帛列立阿法》Legis Publiliae

無限、無窮盡 Infinite

貴族 Patricians

黑暗時代 Dark Age

十三畫

塞西亞人 the Scythians

塞流卡斯 Seleucus

奧古斯都 Augustus

愛琴海 Aegean Sea

愛奧尼亞人 the Ioninas

愛奧尼亞海 Ionina Sea

愛與衝突 Love and Strife

雷比達 Marcus Lepidus

十四畫

僭主 tyrant

僭主政體 tyranny

臺伯河 the Tiber

寡頭政治 oligarchy

對話 Dialogue

漢尼拔 Hannibal

蓋烏斯・格拉古
Gaius. Sepronius Gracchus

十五畫

德干高原 the Decca

德米特里 Demetrius

摩揭陀 Magadha

歐基里德 Euclid

十六畫

《歷史》The Histories

《霍騰西阿法》Lex Hortensia

十七畫

薛西斯 Xerxes

優里庇得斯 Euripides

十八畫

薩丁尼亞島 Sardinia

十九畫

羅馬 Rome

羅馬人 Romans

羅馬共和時期 Roman Republic

二十畫

繼承者戰爭 the Wars of the Diadochi

蘇格拉底 Socrates

專有名詞中英對照

二畫

《十二銅表法》the Twelve Tables

三畫

土、水、氣、火
Earth、Water、Air、Fire

大流士大帝一世 Darius I，the Great

四畫

孔雀王朝 the Maurya dynasty

五畫

卡山德 Cassander

奴瑪 Nurna

平民 Plebeians

民主政體 democracy

皮洛斯 Pyrrhus

皮洛斯的勝利 Pyrrhic Victory

六畫

伊比鳩魯 Epicurus

伊休斯之役 Battle of Issus

伊特拉斯坎人 the Etruscans

共餐會 Phiditia 或是 Syssitia

印度斯坦 Hindustan

多利安人 the Dorians

安東尼 Mark Antony

安提西尼 Antisthenes

安提柯 Antigonus

安德羅尼庫斯 Livius Andronicus

托勒密 Ptolemy

老凱圖 Cato Major

色諾芬尼 Xenophanes

艾約瑟 Joseph Edkins

艾斯奇勒斯 Aeschylus

艾奧良人 the Aeolians

西塞羅 Marcus Tullius Cicero

七畫

伯理克西斯 Pericles

《伯羅奔尼撒戰史》
History of the Peloponnesian War

伯羅奔尼撒聯盟
the Peloponnesian League

克里斯提尼 Cleisthenes

利西馬科斯 Lysimachus

君主體制 monarchy

希波克拉底 Hippocrates

希羅多德 Herodotus

希臘化文明 Hellenistic Civilization

希臘化時代 Hellenistic Age

狄奧根尼 Diogenes

八畫

亞利安人 the Aryans

亞里斯多德 Aristotle

亞契安人 the Achaeans

亞契安同盟 The Achaean League

亞歷山大大帝 Alexander the Great

亞諾河 the Arno

奈維烏斯 Gnaeuw Naevius

拉丁人 Latins

拉丁平原 Latium

拘薩羅 Kosala

波里比烏斯 Polybius

波河 the Po River

芝諾 Zeno

阜城 Acropolis

阿爾卑斯山南的高盧 Cisalpine Gaul

阿爾基比阿德斯 Alcibiades

九畫

城邦 polis

屋大維 Gaius Octavius Augustus

柏拉圖 Plato

派西斯特拉妥 Peisistratus

科西嘉島 Corsica

迦太基 Carthage

十畫

修昔底德 Thucydides

俾路支 Baluchistan

哲學 philosophy

埃托利亞同盟 the Aetolian League

泰利斯 Thalea

烏托邦 Utopia

笈多王朝 the Gupta dynasty

索福克里斯 Sophocles

耆那教 Jainism

馬其頓 Macedonia

馬拉松 Marathon

馬哈瓦拉 Vardhamana Mahavira

馬賽 Marseilles

馬賽里亞 Massilia

XBLH0002

少年愛讀世界史 卷 2
上古史 I 亞歷山大大帝的時代

作　　者｜管家琪

字畝文化創意有限公司
社長｜馮季眉　編輯｜戴鈺娟、陳曉慈　行銷編輯｜洪絹
全套資料顧問｜劉伯理　歷史學習單元撰文｜曹若梅　特約圖片編輯｜陳珮萱
人物漫畫｜劉婷　地圖繪製｜廖于涵　美術設計｜黃子欽　封面設計｜ Joe Huang

讀書共和國出版集團
社長｜郭重興　發行人兼出版總監｜曾大福
業務平台總經理｜李雪麗　業務平台副總經理｜李復民
實體通路協理｜林詩富　網路暨海外通路協理｜張鑫鋒　特販通路協理｜陳綺瑩
印務經理｜黃禮賢　印務主任｜李孟儒

發行｜遠足文化事業股份有限公司
地址｜ 231 新北市新店區民權路 108-2 號 9 樓
電話｜ (02)2218-1417　傳真｜ (02)8667-1065
電子信箱｜ service@bookrep.com.tw
網址｜ www.bookrep.com.tw

法律顧問｜華洋法律事務所　蘇文生律師
製版｜軒承彩色印刷製版公司　印製｜通南彩色印刷公司

2021 年 2 月　初版一刷　2021 年 11 月　初版三刷　定價：420 元
書號：XBLH0002
ISBN：978-986-5505-55-4

國家圖書館出版品預行編目 (CIP) 資料
少年愛讀世界史 . 卷 2, 上古史 . I：亞歷山大
大帝的時代 / 管家琪著 . -- 新北市：字畝文
化出版：遠足文化事業股份有限公司發行 ,
2021.02
　面；　公分
ISBN 978-986-5505-55-4(平裝)
1. 世界史 2. 通俗作品
711　　109022045